あなたの円が紙キレとなる日

The day of YOUR Japanese Yen
Turns to a piece of paper

―日銀崩壊の脅威―

浅井隆 + カギ足アナリスト 川上 明

第二海援隊

プロローグ

将来の円安に備えて〝ドル資産〟を持とう

円安が止まらない。

二〇二二年秋に一ドル＝一五二円近くまで行ったドル／円は、その前後の三度に亘る為替介入で一気に一二七円へと円高に振れたが、やがてジワジワと円安方向へと動き始め、年が変わった二〇二三年秋には一五一円まで戻してしまった。

しかし、皆さんはこんなことで驚いていてはいけない。これは、あくまでも将来の超円安の前兆に過ぎない。ドル／円は、三、四年以内に二〇〇円を突破し、七、八年以内に戦後の固定相場である三六〇円に到達するだろう。しかも、三六〇円を突破したら、あとは相場（チャート）上の上値のメドがないため、その後の動きは青天井（天井の目安がなく、糸の切れたタコのようにいくらでも上がる）となる。一〇〇〇円ですら、一つの通過点に過ぎないだろう。

では、なぜそんな〝とんでもないこと〟が起きるのか。カラクリはこうだ。円という通貨（ただし、一万円札という紙幣はその素材そのものはただの紙キレ。原価は二〇円ほど）を発行している母体はどこか。「日本銀行」（以下、日銀）である。その日銀が今、とんでもないことになっているのだ。

アベノミクスによって黒田日銀総裁（当時）が無制限に国債を買ったため、ほぼGDPに匹敵する五〇〇兆円超の国債を保有。その結果、その裏側にある当座預金もほぼ同額の五〇〇兆円超になるという〝異常事態〟が出現してしまった。

この当座預金とは、日銀にとって「資産」ではなく「負債」に当たる。日銀が保有する国債（その裏側にほぼ同額の当座預金がある）は、太平洋戦争直後の昭和二一年（徳政令とハイパーインフレで大混乱の年）でさえ、せいぜいGDP（正確にはGNP〈国民総生産〉およびGNE〈国民総支出〉）の二〇％に届くか届かない程度であり、GDPの一〇〇％などという状態は先進国では歴史上まったく存在し得ない、〝前代未聞〟の状況なのだ。

国内のインフレがここまでひどくなっても、日銀は金利を少ししか上げることができない。というのも、さらにインフレが進んでその当座預金の五〇〇兆円に二%の金利を付けなくてはならなくなった場合、その金利分の一〇兆円で日銀自体が債務超過となってしまうからだ。かといって、日銀が保有する国債を売ることは死んでもできない。もしそんなことをしたら、国債価格が暴落し(金利は上昇)、日本国政府そのものが破綻してしまう。

というわけで、もはや日銀に出口はないのだ。手足をもがれ、中央銀行の体《てい》を成していない無残な日銀が、円安の原因となっているのだ。だから一時的円高があったとしても、長期的には必ず円安とならざるを得ない。

しかも、今からは想像もできないほどの超円安がやってくると言って間違いない。このように私たちは、「円が紙キレと化して行く現実」の中で今後生きて行かざるを得ないのだ。

しかし、こうした深刻な状況の中でもあなたの財産を減らすことなく、老後を守り抜く方法というものは存在する。それこそ、「ドル資産を持つ」ということだ。ドル資産には、大別して次の三つのものが存在する。一つ目は「ドルの現金」、二つ目は「金《きん》（ゴールド）」、そして三つ目は「ダイヤモンド」だ。

では、いつ円資産からそうしたドル資産に換えるべきか。まさに、「今でしょう」なのだ。将来のすさまじい超円安に比べれば、一ドル＝一三七円も一四〇円も一四八円も大した差はない。そのうちと言っているうちに、時期を逃してしまう。

ぜひ、本書を熟読されて、老後を守り抜く方策を探《さぐ》ってほしい。

二〇二四年一月吉日

浅井　隆

追記：なお、質の良いダイヤモンドを安く手に入れたい方は、巻末二五五ページの「第二海援隊 ダイヤモンド投資情報センター」へお問い合わせいただきたい。

目次

第三章　円安は一〇〇〇円で止まらない!?
――チャートが示す恐るべき未来（川上明）

第四章　現日銀を潰して新日銀を作るしかない
――事態はここまで来ている

第五章　もはや、ドルと金《きん》、ダイヤを持つしかない！
――生き残りの秘策

エピローグ

※注　本書では特記していない為替計算は
一ドル＝一四七円、一シンガポールドル＝一一〇円で計算しました。

第一章　円が紙キレになるこれだけの理由

シンガポールで赤っ恥!! 昨今の海外物価高を知らぬ日本人観光客

二〇二三年八月一九日、シンガポールでその〝事件〟は起きた。そしてこの騒動は、後に世界中からひんしゅくを買うことになる。

騒動の舞台は、シンガポール最大の夜遊びスポットとして知られるクラーク・キー（クラーク埠頭《ふとう》）。そこに位置する有名レストラン「シーフード・パラダイス（Seafood Paradise）」で、日本人観光客らが〝ブチ切れた〟のだ。料理の値段が、「あまりに高過ぎる！」と。

このシーフード・パラダイスはシンガポールで人気の海鮮チェーンで、シンガポール名物のチリ・クラブ（辛《から》い蟹《かに》）料理が評判だ。私もシンガポールへ渡航した際に、何度か利用している。その日、シーフード・パラダイスに日本人観光客の女性ら四人組がやって来て、スタッフのお勧めで「アラスカ・クラブ（蟹）」を注文したそうだ。しかし食事を終えて会計しようとしたところ、「一三二二・三七シンガポールドル」（約一四万五〇〇〇円）という値段に彼女たちは仰天し、あろうことか支払いを拒否したのである。彼女たちは〝ぼったくり〟と思ったのか、警察まで出動する事態となった。

警察の仲裁の下、店側がアラスカ・クラブの料金（九三八シンガポールドル）を一〇七・四シンガポールドル（約一万二〇〇〇円）に減額することで双方は決着したようだが、店側は納得が行かず後に反論したことでニュース沙汰にまで発展したのである。

女性らの言い分はこうだ。「事前に三〇シンガポールドル（約三三〇〇円）と聞いたが、これが一〇〇グラム当たりだという説明はなかった」と言う。これに対し店側は、日本人観光客が注文した大型蟹のアラスカ・クラブは一〇〇グラム当たりの価格が約三〇〇〇円であることを二度に亘って説明した上で、この蟹の総重量が三・五キログラムであることをちゃんと告知。さらに誤認を防ぐため、調理前に生きた蟹を丸ごとテーブルに運んだというが、その際に日本人観光客グループは写真を撮っていたと、監視カメラの映像まで添えて反論した。そして「減額で決着したのはあくまでも店側の善意だった」と強調し、警察沙汰にまでなったことで店の評判に関わると判断、自社のフェイスブック上で「客による不正確な主張に憤慨している」と怒りをあらわにしたのである。

この騒動は、シンガポール現地メディアだけでなく英字メディアや台湾メディアなどでも広く報道され、日本でも有名インフルエンサーに取り上げられたことで国際的なニュースとなって拡散した。そしてこのニュースが拡散されると、X（旧Twitter）などのSNSでは店側に同情する声が相次ぎ、「日本人の恥」「シンガポールで蟹が数千円で食べられるわけがない」といった書き込みが続出したのである。

私に言わせると、このレストランのたたずまいやサービスからして、決してぼったくりをするような店ではない。しかも運営元のパラダイス・グループは、シンガポールで約五〇店舗、そのほかにも中国やマレーシア、インドネシアなどでお店を展開しており、当然、コンプライアンスは順守されているはずだ（平然とぼったくりをするような店が多国籍に展開できるはずもない）。

ちなみにシーフード・パラダイスで一人当たりの会計は、低く見積もっても三〇〇シンガポール・ドル（約三万三〇〇〇円）程度。そんなことくらい、この日本人観光客は事前に調べておかなかったのだろうか。まさか、彼女らが日本よりも物価が高いシンガポールで数千円もあれば蟹を食すことができるのだと思っていたなら、勘違いもいいところだろう。

週刊誌『FRIDAY』（二〇二三年一〇月一七日付デジタル版）はこの騒動を取り上げ、シンガポール事情に詳しい邦人の次のようなコメントを掲載した――「日本人観光客グループの『提示されたカニの価格が一〇〇g分の値段だと説明されなかった』という主張はおかしい。ここシンガポールで、大きなカニが数千円で食べられるわけがないですから。会計の際に持ち合わせがないということを言っていたことを考えると『アジアの物価は日本より安い』という間違った先入観を持ってシンガポールに来たとしか思えない。シンガポールの物価は日本以上に高く、これが例えばタイだったとしても、昨今の円安でグループで入ればレストランの会計は数万円かかる。日本円はそこまで弱っています」。

そして記事は、『『失われた三〇年』で日本のランクは急落。過去の〝成功体験〟から、アジアなら安く旅行できると思い込むのは無知の極みである。せめて、これまで培った日本人の国際的信用を落とさないよう、正しいマナーや常識的な振る舞いぐらいは大切にしたいものだが……』」と結んだ。

この騒動の真相がどのようなものであったかは別にして、最近では日本人観光客が海外を旅行した際に現地の物価に驚《きょう》がくするということが日常茶飯事となっている。中にはこの騒動のように、「ぼったくられた」と勘違いしてトラブルに発展するケースも珍しくない。

それもそのはずだ。ある指標で見ると、日本円の〝実力〟(実質的な購買力)は一九七〇年以来五三年振りの水準にまで低下している。五三年振りということは、実に一ドル=三六〇円の固定相場制だった時代と同じ水準にまで日本円の購買力が下がったということだ。私もコロナ禍を終えてアメリカ、シンガポール、ニュージーランドに出張したが、あまりの物価高に辟易《へきえき》した。もはや、日本人の海外旅行は〝高嶺の花〟になりつつあると言ってよい。

過去を振り返ると、一回目の東京五輪を半年後に控えた一九六四年四月一日、政府関係者や留学などに限られていた日本人の海外渡航が「年一回、外貨持ち出し五〇〇ドルまで」の制限付きで自由化された。日本旅行業協会によると、当時のハワイ七泊九日間の旅費は三六万四〇〇〇円。現在の価値で約四〇〇万円と、庶民からすると手の届かない代物《しろもの》だったのである。ちなみに、当時の係長クラスのサラリーマンの月給は三万円であった。

世界的に観光産業が発展したこともあり、さすがに昨今ではハワイ旅行に四〇〇万円も必要ないが、それでもコロナ禍を経て多くの日本人が為替レートを理由に海外旅行を敬遠するようになっている。二〇二三年九月二七日付の「テレ朝 news」は、同年七月にニューヨークへ赴任したばかりの親松聖支局長が現地のラーメンの価格に驚いたとし、本人の「家族四人でラーメンを食べに行った場合、ラーメン四杯、そして餃子三つ、ビール二杯を飲んだ場合、二万円を超えてしまうんです。日本円、頑張ってほしい」というコメントを伝えた。これでは海外旅行を敬遠してしまうのもうなずける。

ところで、一九六四年の訪日外客数は東京五輪の効果もあって三五万人を超え、戦後の最高記録を作った。当時は一ドル＝三六〇円の固定為替相場制であったため、欧米からの旅行者にとってはすべてが格安で、それ自体が大きな魅力であったと当時の文献は記している。

まさに現代の日本とそっくりではないか。二〇一三年のアベノミクス以降は一貫して円の実力が〝低下トレンド〟をたどっており、私たち国民が輸入インフレに苦しむ一方、訪日外国人にとっては昨今の日本は、極めて安く旅行できる魅力的な地に映っている。

実際、台湾では日本旅行の安さが話題となった。二〇二三年一〇月四日、台湾メディアの「中時新聞網」は、一家三人で五泊六日の日本旅行を五万七〇〇〇台湾ドル（約二六万円）で済ませたネットユーザーが、台湾のＳＮＳ上で注目を集めたと伝えている。記事によると、五万七〇〇〇台湾ドルの内訳は飛行機代が一万七〇〇〇台湾ドル（約七万八〇〇〇円）、ホテル四泊が八〇〇〇台湾ドル（約三万七〇〇〇円）あまり、温泉旅館一泊が七二〇〇台湾ドル（約三万円）、食事代が一万台湾ドル（約四万六〇〇〇円）、レンタカー代が一五〇〇台湾ドル（約七〇〇〇円）、ＪＲパスなどの交通費が四三〇〇台湾ドル（約二万円）、テーマパークなど入場料が一六〇〇台湾ドル（約七四〇〇円）、東京広域周遊券が六〇〇〇台湾ドル（約二万八〇〇〇円）などだ。

この値段が高いか安いかは人の感覚によって異なると思うが、シンガポールでの騒動の本来の会計が約一四万五〇〇〇円であったことを思えば、相対的に考えて五泊六日の家族旅行の値段が約二六万円というのは安い。

このように訪日外国人が歓喜する半面、日本に住む外国人労働者からは円安による嘆《なげ》き節が聞かれる。これも台湾からの報道だが、台湾メディアの「自由時報」は二〇二三年八月六日、「日本人の年収は九七万台湾ドル、台湾人の『日本で稼ぐ』は幻滅に」という記事を掲載した。記事は、「最新のデータで日本人の年収が明らかとなり、さらに物価高騰も重なって、台湾人が心に抱く『日本に行って稼ぐ』という夢がすでに壊れ始めている」とした上で、国税庁の民間給与実態統計調査を基に二〇二一年の日本人の平均年収は四四三万円、換算すると約九七万台湾ドルとなったと紹介。この〝少なさ〟はSNS（X：旧Twitter）上でも大いに話題になり、「メディアも過去に『日本で稼ぎたい』という台湾人を取材してきたが、その多くが幻滅しながら台湾に戻ってきている」（同前）と伝えている。

介護施設や建設現場などの人手不足は今後も深刻化して行く一方で〝移民アレルギー〟が強いこの日本でも、外国人労働者の存在なくして社会生活を維持できない時代を迎えつつあるが、昨今のような為替レートではそれも危うい。円安を理由に、出稼ぎ先としての日本の人気は確実に落ちている。

これは余談だが、円の実力が最も強かったのは一九九〇年代だ。当時は日本人の〝爆買い〟こそが世界的な関心事となっていたことを、年配の方などは記憶しているだろう。しかし、時代は変わった。もはや日本円の実力は地に落ちている。理由は後述するが、この先、かつてのような円高は期待できない。率直に言って、「日本円の未来は相当に暗い」と言わざるを得ない状況にある。

ホリエモンこと堀江貴文氏も、日本の未来像について悲観的だ。彼は、自身

日本とアメリカの物価はこんなに違う

１ドル＝141.5円で計算

丸亀製麺「きつねうどん」

東京
540円

ロサンゼルス（LA）
1418円

野球場「生ビール」

東京ドーム
900円

LA ドジャースタジアム
2828円

大戸屋ごはん処「しまほっけの炭火焼定食」

東京
1050円

ニューヨーク
5835円

ミュージカル「ライオンキング」（土日の最高値席）

東京
13000円

ニューヨーク
74316円

モーニングサテライトの資料を基に作成

の近著『2035　10年後のニッポン』（徳間書店）において、停滞した賃金上昇に劣悪な労働環境で日本人だけでなく外国人労働者まで日本に来なくなるだろうと辛《しん》らつに指摘している。この本はベストセラーになった。

堀江氏は、「まだ多くの日本人にとって、日本人が海外に出稼ぎに行くことはなかなかイメージできないだろう。『ジャパン・アズ・ナンバーワン』だったころの思い出を引きずり、日本のいま置かれた状況を直視したくない人もいるだろう」とした上で、こう結論付けている――「日本人が出稼ぎする光景は今後あたりまえになっていく」。

実際、日本経済新聞（二〇二二年一二月二四日付）によると、ワーキング・ホリデーへの申込件数は二倍に伸び、求人サイトで海外の求人を検索した人の比率は、新型コロナ禍以前を上回ったそうだ。二〇二三年に入っても、ワーキング・ホリデーに関する相談件数はうなぎのぼりの状態にあると多くのメディアが報じている。もはや、日本は途上国に転落したかのようだ。

事実として、日本は経済大国の座から滑り落ちつつある。国際通貨基金（I

ＭＦ）は最新の世界経済見通しで、ドイツの二〇二三年の名目ＧＤＰは四兆四三〇〇億ドルとなり、日本の四兆二三〇〇億ドルを上回ると予想した。名目ＧＤＰは二〇二四年にはドイツが四兆七〇〇〇億ドル、日本は四兆二九〇〇億ドルとなり、両国の差は今後開いて行くと見る。

人口約一億二五〇〇万の日本が、約三分の二の人口約八三九〇万人のドイツにＧＤＰで抜かれたことの意味は大きい。国民一人当たり名目ＧＤＰは、二〇二三年時点で日本の三万三九五〇ドルに対し、ドイツは五万二八二四ドルが見込まれている。悲しいかな、日本は〝稼げない国〟となりつつあるのだ。外国人労働者が嘆くのもうなずける。ちなみに日本のＧＤＰは、いずれインドやインドネシアなどにも抜かれる見通しだ。もはや、日本の経済大国という立ち位置は〝風口《かざくち》の蝋燭《ろうそく》〟となっている。

しかし、私に言わせるとこんなものでは済まない。ある意味で今の衰退は依然として「緩やか」だと評価できるが、いずれかの時点からはこれが加速度的に進むと私は見ている。多くの理由から、昨今の日本円はいわゆる通貨危機の手前の段階に位置していると考えられ、今後の転落の度合いは皆さんの想像をはるかに超えるものとなるはずだ。極論すれば、一ドル＝一〇〇〇円の時代がやってきたとしても私は驚かない。私は真剣に、「日本円が紙キレと化す事態」を見据えている。

壮大な〝円安サイクル〟に突入した！

歴史が時に大きく旋回して来たのと同じく、相場にも必ず大きな転換点が存在する。そしてそれは、ある程度の規則性を持っていると考えられており、たとえば近代の日本経済は四〇年ごとに栄枯盛衰を繰り返して来た。

為替にも似たようなサイクルがあると私は信じており、直近で言うと変動相場制に移行した一九七一年から始まりおよそ四〇年に亘って続いて来た円高トレンドは、二〇一一年に終焉したと見ている。そして二〇一一年を起点に、今度はおよそ四〇年に亘って円安トレンドが続く、というのが私の見立てだ。

そのゴールは、二〇五一年くらいになるだろう。かつて（二〇一二年）英エコノミスト誌の編集部は『Megachange（大激変）』と題した長期の調査予測の中で、「日本は、世界で最も悲惨な二〇五〇年を迎える」と断じた。現状を鑑みるとまさにそうなってしまう恐れは強く、二〇五一年頃の為替は一ドル＝一〇〇〇円を超えていても不思議ではない。というよりも、その頃には現行の日本円が紙キレとなって（日銀が破綻して）、戦後のように「新円」が採用されていることも十二分にあり得る。

私は、株式会社第二海援隊を立ち上げてからというもの、経済トレンドの予測を生業として来たが、常に「歴史（の普遍性）」や「長期サイクル」を重視して来た。極言すると、過去からしか未来は占えないと思っている。そこで、大きな為替サイクルの中で今日の私たちがどの点に立っているのかを説明したい。まずは、二六〜二七ページのチャートをご覧いただこう。

日本円は、一九七一年の変動相場制への移行から長期の円高トレンドを形成して来た。バブル崩壊後に一番底、そして二〇一一年の東日本大震災後に二番

変動相場制以降のチャート

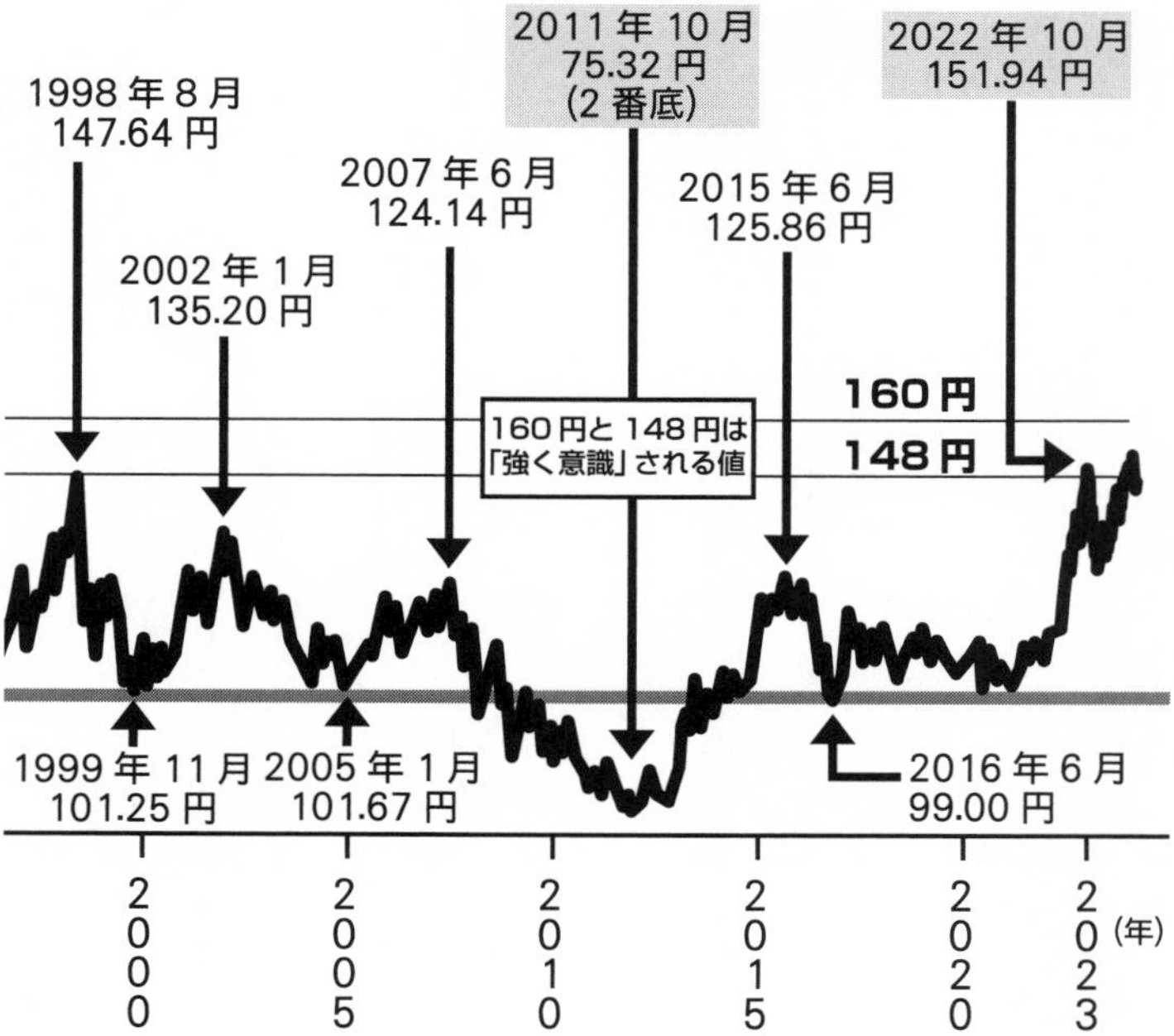
2011年10月
75.32円
(2番底)
2022年10月
151.94円
1998年8月
147.64円
2007年6月
124.14円
2015年6月
125.86円
2002年1月
135.20円
160円
160円と148円は
「強く意識」される値
148円
1999年11月
101.25円
2005年1月
101.67円
2016年6月
99.00円
2000
2005
2010
2015
2020
2023
(年)

ドル／円

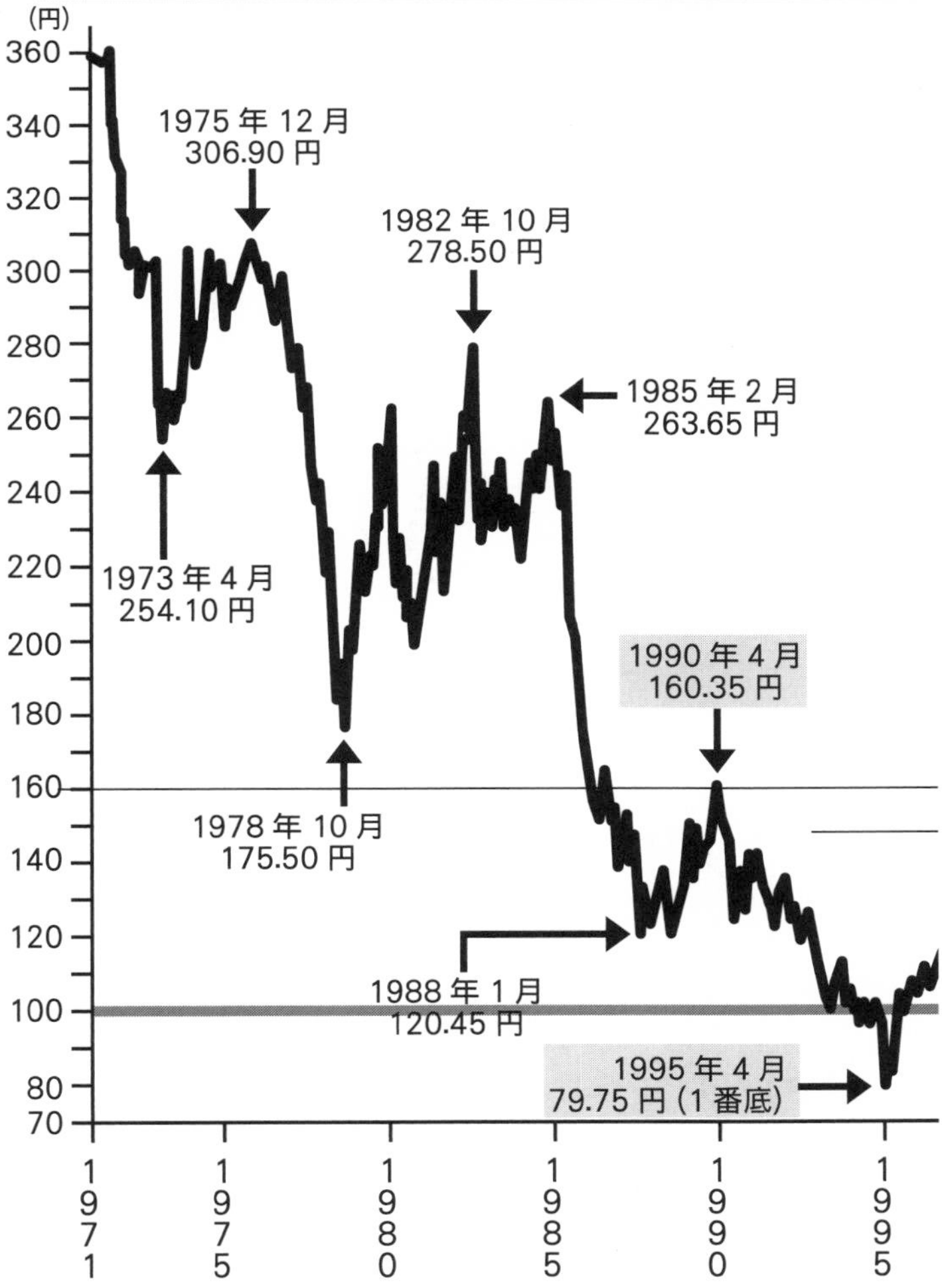
(円)
360
340
320
300
280
260
240
220
200
180
160
140
120
100
80
70
1975年12月
306.90円
1982年10月
278.50円
1985年2月
263.65円
1973年4月
254.10円
1990年4月
160.35円
1978年10月
175.50円
1988年1月
120.45円
1995年4月
79.75円（1番底）
1971
1975
1980
1985
1990
1995

底を付けている。二〇一一年の「一ドル＝七五・三二円」がいわゆる「大底」と呼ばれるものだ。ここを起点に、今後は長期的な円安トレンドが形成される可能性が極めて高い。

偶然にも、二〇一二年末のアベノミクス始動（正確には民主党から自民党への政権交代）が円安トレンドの号砲《ごうほう》になった。政府と日銀が正式に異次元緩和を打ち出した二〇一三年四月、著名投資家のジョージ・ソロス氏は「円が雪崩《なだれ》のように暴落しかねない」と警鐘を鳴らしている。そして米CNBCのインタビュアーが英ポンド危機を引き合いに出し、「イングランド銀行の次は日銀を崩壊させるのですか？」と尋ねると、あざ笑いながらこう答えたのであった——「日銀こそが（日本を）崩壊させたいと思っているのでしょう」。

その警告から丸一〇年が経ち、直近では日銀と投機筋の攻防が激化している。日本には通貨防衛の手段が限られていることから、このままではいずれかの時点で投機筋が勝利し、ソロス氏の言う「雪崩のような円の暴落」が現実のものとなる可能性は高い。

円が紙キレになるわけ

日本の近代化に尽力した渋沢栄一を肖像とする新一万円札が二〇二四年度の上期にも流通を始めるが、時を同じくして世界的にインフレが高止まり、もしくは再燃となれば、新一万円札がその数年後には紙キレとなってもなんら不思議ではない。それほど日本円を取り巻く環境は危機的である。

前項で「ある指標で見ると、日本円の〝実力〟（実質的な購買力）は一九七〇年以来、五三年振りの水準にまで低下している」と記したが、そのある指標とは国際決済銀行（ＢＩＳ）が定期的に発表している「実質実効為替レート」（ドルやユーロなど様々な外国通貨と比べた円の実力を示し、内外の物価格差を考慮した対外的な購買力を表す）のことである。この指標が二〇二三年八月、七三・一九（二〇二〇年＝一〇〇とする）と、遡れる一九七〇年以来の最低の水準となったのである。

繰り返し強調するが、日本円の対外的な実力が一ドル＝三六〇円の固定相場制だった時代と同水準に下がったということだ。事態は深刻である。なぜ、日本人が大騒ぎしないのか私には不思議でならないが（多くの日本人がアフター・コロナで引きこもりとなり、為替に代表される対外格差など気にも留めていないのだろう）、もはや通貨危機に直面していると言ってもおかしくはない。

ちなみに、日本円は、二〇二二年に主要通貨の中で「最弱」（年間の下落率が最大）を記録して以降、散々の結果に終始している。二〇二二年は、〝最弱〟こそ免れたもののワースト二位の下落率を記録、その後「二〇二三年こそは円高」と予想する向きは多かったが、二〇二三年も一〇月なかば時点では「最弱」（年初来の下落率がワースト一位）の通貨となっているのだ。

ちなみに二〇二一年から二〇二三年までで「年間の下落率ワースト五」に必ずランクインしたのは、「アルゼンチンペソ」と「トルコリラ」と「日本円」だけ。もはや、日本円は先進国の通貨なのかと疑いたくなる。こんな状態であれば、日本人が海外旅行した際に物価が〝バカ高い〟と感じるのも当然だ。

問題は、昨今の円安が〝序の口に過ぎない〟可能性が極めて高いと考えられる点にある。将来的には一ドル＝一七〇円、次に一ドル＝二〇〇円、そして二〇三〇年以降には一ドル＝一〇〇〇円くらいまで沈んでもなんら不思議ではないのだ。その最大の原因は、通貨（物価）の番人としての役割を担う中央銀行（日本銀行：日銀）がなかばその役割を放棄していることにある。二〇二三年八月までに全国消費者物価指数（生鮮食品を除くコアＣＰＩ）の上昇率は、一二ヵ月連続で三％超を記録、同年九月には久し振りに三％を下回ったが、日銀が物価目標に掲げる二％を上回っていることに変わりはない。

これほどインフレ率が高止まっているにも関わらず、日銀には大した緊張感がない。もはや、債務問題を理由に動きたくないのでは、と勘繰りたくなる。いや、本当にそうなのだろう。国民の多くが輸入インフレに苦しんでいる状況下で日銀が平然と金融緩和を続けるのは明らかに不自然であり、何か特別な理由、すなわち債務問題が根っこにあるからだと言わざるを得ない。

余談だが、昨今の日本では食料品の高止まりが家計の重荷となっており、二〇二三年九月には消費支出に占める食費の割合を示す「エンゲル係数」が二六％を超え、四〇年振りの水準に達している。同月の消費者物価指数では生鮮食品を含む食料が前年同月比九・〇％プラス（これは先のオイルショック並みの水準だ）と高止まりしているが、その反面、賃上げの波及は鈍く、日本経済のおよそ六割を占める個人消費は依然として弱いままだ。

こういった状況で〝物価の番人〟が動かないのは、率直に言って怠慢である。もちろん、昨今の物価高のすべての原因が為替レートにだけあるのではないが、少しでも円高になればインフレが一服することは間違いない。

神田眞人財務官は二〇二三年一〇月一六日、財務省内で記者団に対し、為替相場が激しく下落した場合には、国は「金利を上げることによって資本流出を止めるか、為替介入で過度の変動に対抗する」（ブルームバーグ二〇二三年一〇月一六日付）と改めて説明した。しかし、利上げは日本政府の財政や日銀の財務にとって命取りとなるだろう。二〇二三年九月から一〇月にかけて米国債が世紀の大暴落を起こしたが（価格で言うと半値以下に暴落した）、相場が時に

円の実質実効為替レートは53年振りの低水準

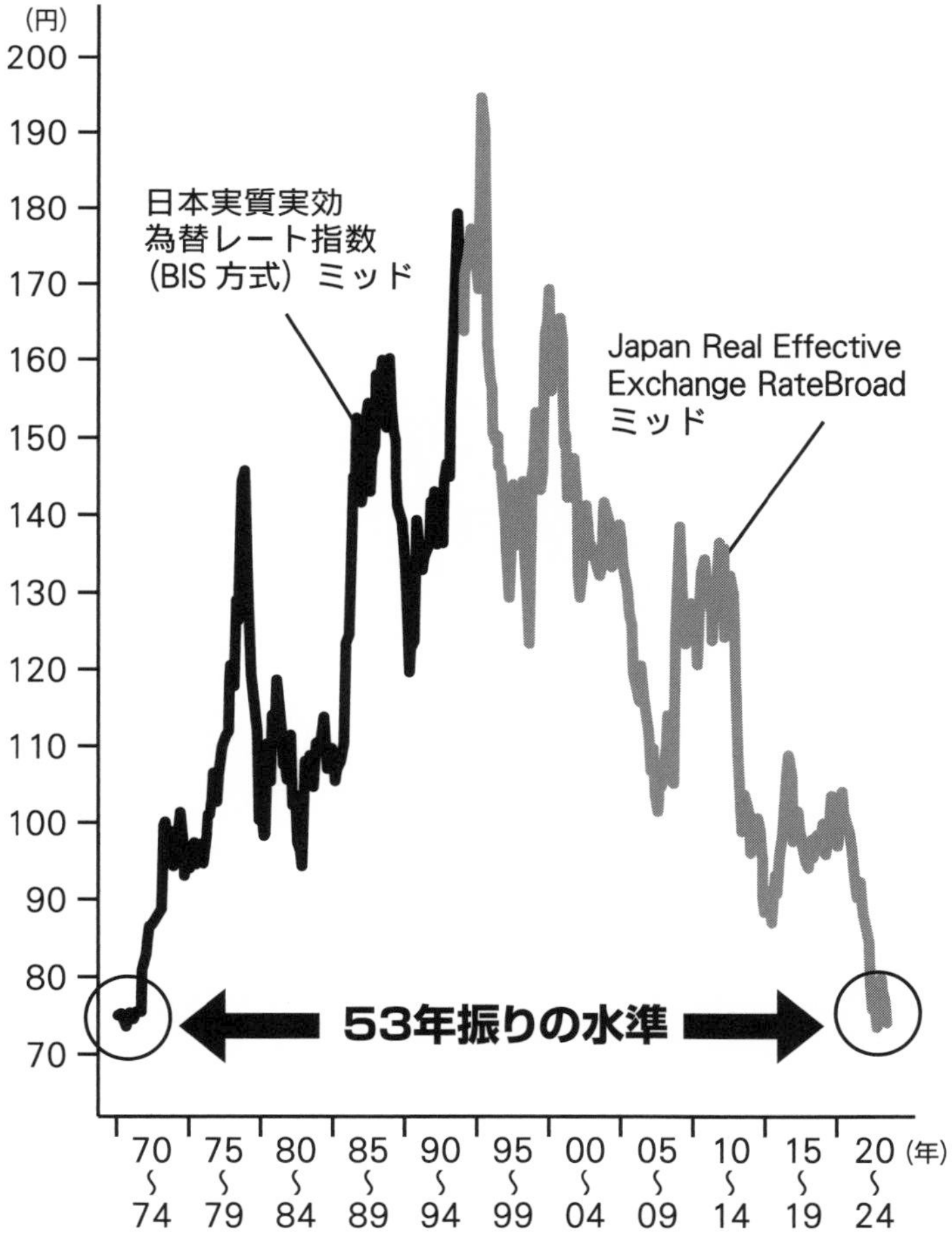

BIS、日本銀行のデータを基に作成

オーバーシュートする（行き過ぎる）のはよくあることであり、日銀が金融引き締めに転じた際も日本国債が同じような目に遭うことも十分に考えられる。

元日銀調査統計局長の関根敏隆氏は、二〇二三年九月二九日付のブルームバーグのインタビューで、「日銀の物価見通しは二％目標の達成が視野に入り、遅くとも二〇二四年一月にはマイナス金利政策を解除するかどうか決断を迫られるとみている」と予想した上で、「解除後に長期金利は二％程度まで上昇する可能性があり、市場は心の準備をしておくべきだ」と警告した。

日本の長期金利が現実に二％へ到達したら、それは金融市場における大惨事につながることになるだろう。日銀の内田眞一副総裁は二〇二三年三月二九日、日銀が保有する国債の評価損について、長期金利が〇・五％だった同年二月末時点のイールドカーブ（利回り曲線）を前提にさらに一・五％上昇し二％となった場合、五〇兆円程度になるとの試算を明らかにした。

こうした日銀の莫大な含み損に加え、約四〇〇兆円もの日本国債を保有する国内金融機関にも甚大な含み損が出る。日銀や市中の銀行が保有する債券は簿価会計であり、含み損が出ても問題ないとの見方もあるが、先の米シリコンバレーバンクの破綻は決してそうではないということを私たちに示した。少なくとも株価は極度に動揺し、経営不安に（極端なケースでは取り付け騒ぎに）発展する金融機関も出てくるだろう。

最悪の場合、国民や海外投資家の日銀に対する信認が大きく揺《ゆ》らぎ、実質的な利上げ状態にも関わらず通貨安が進行するという「トリプル安」に直面する可能性も否定できない。また、中長期的には日本政府の発行する国債（新発債）の利回りが上昇し、利払い費を増加させることで予算を圧迫し始める。

これらを総合的に勘案すると、やはり日銀の金融政策には最初から出口など存在しないのかもしれない。歴史的にも社会のレバレッジがあまりに高まると（累積債務が積もりに積もった状態）、中央銀行が政府の顔色を窺って、利上げを渋ることが起こって来た。これを、「フィスカル・ドミナンス（財政従属）」という。もし、日銀がすでに財政従属に陥っていると仮定すれば、今後も日銀は何かしらの言い訳を取り繕ってＹＣＣ（イールドカーブ・コントロール）を維持するはずだ。しかしその反動として、日本円はどんどん減価して行く。

利上げ以外で円安に対処しようとすれば、その手段は「口先介入」や「外貨準備を使っての防衛」に絞られる。口先介入は無限にできるものの持続的に効力を発揮できるかは疑わしい。一方の外貨準備は有限だ。日本には二〇二三年八月末時点で一兆二五一一億ドルもの外貨準備があるが、そのほとんどは米国債で運用されており、それをすべて使うわけには行かない。おそらく、使えてあと三〇~四〇兆円程度ではないだろうか。そこまで外貨準備が減った段階でも円安が止まらなければ、市場からさらなる猛烈な浴びせ売りを受け、新興国のような通貨危機に陥るリスクが高まる。

ドイツのコメルツ銀行は二〇二三年七月のリポートで、日銀が超緩和的な金融政策を続ける中、当局者が口先介入で円の押し上げに努めるという整合性のないやり方を批判した。同レポートは、「口先介入にせよ、市場で活発に売買するにせよ、中央銀行が自国・地域の通貨の長期的な下支えに成功する手段は利上げだけだ」とし、日本のような整合性のないこうした政策は「いずれ逆の効果をもたらし得る。制御困難な高インフレに転じ、国家財政危機、および現在の円の水準が全く大したものでなくなるほどの大幅な円安に陥る可能性がある」（ブルームバーグ二〇二三年七月四日付）と警鐘を鳴らす。

現時点で日銀が財政従属に陥っているという確証はなく、彼らが引き締めに動くことも考えられる。名目上、日銀は政府から独立した存在だ。インフレが止まらない時や円安が行き過ぎた際に利上げを断行することもあり得る。しかし、その際にマーケットの反応が極端なものとなれば、日銀は国債の「ドテン買い」（一気に売りから買いへ転じること）を迫られるかもしれない。こうなると市場は、「結局のところ、日銀に出口はないのでは」と疑うだろう。だからこそ、結果的に日銀の国債購入は復活し、そのしわ寄せはすべて為替レート（ここでは円安を意味する）に向かうというシナリオを現時点で私は予想する。

半面、日銀や財務省といった日本の当局者たちは楽観的だ。彼らは「いずれ世界のインフレは収まり、日米の金利差も自ずと縮小に転ずるだろうから、過度な円安は今だけだ」との希望的観測を抱いている。

率直に言えば、こうした楽観論は危うい。かのＦＲＢ（米連邦準備制度理事会）も二〇二一年から二〇二二年初頭にかけてインフレを軽視した後、急激な利上げを強いられるという悲惨な目に遭った。

私の分析では、世界経済のトレンドはおよそ四〇年振りに大転換した可能性が極めて高く、リーマン・ショック以降の一〇年間のような「ディス・インフレ」への回帰はほぼ起こり得ない。その理由は、大きく五つある。

一つは、「グローバル化の後退」。冷戦終結後の過去三〇～四〇年間は、ロナルド・レーガン米大統領（当時）やマーガレット・サッチャー英首相（当時）らが打ち出した「新自由主義」（いわゆる小さな政府。具体的には貿易障壁の緩和、国営企業の民営化、規制緩和の徹底、減税、予算削減、労働組合への攻撃など）を皮切りに、中国のＷＴＯ（世界貿易機関）加盟といった具合に世界経済の統合が進んで来た。

ところが、昨今では「保護主義」が台頭している。またアフター・コロナやウクライナ戦争によって、供給網を近場で完結させる「ニアショアリング」、同盟国・友好国で完結させる「フレンド・ショアリング」が叫ばれるようになった。当然、これにはコストがかかる。それでも二〇二二年の世界貿易額は名目ベースで過去最高水準に達した。しかしこれはインフレでかさ上げされた数字であり、世界のＧＤＰ（総生産）に対する貿易の比率は二〇〇八年に六一％で頭打ちとなって以来、低迷が続いている。

二つめは、「労働市場のタイト化」だ。主要先進国の多くが、アフター・コロナでは深刻な人手不足に直面している。人手が不足している理由にはいくつかあるが（また国によって理由は異なるが）、高齢化（生産年齢人口の減少）や働き方の変化、移民アレルギーの台頭などが代表的なものだ。事実、主要先進国では失業率が数十年振りの低さとなっており、近年でまず見られなかった労働ストライキも起き始めている。これらは、確固とした「インフレ圧力」だ。

三つめは、「Ｍ２（マネーサプライ）の高止まり」。このＭ２とは、広義の流動性を意味し、たとえばアメリカでは現金と各種預金、個人向けマネー・マーケット・ファンド（ＭＭＦ）などが含まれる。そのアメリカのＭ２は、二〇二〇年から二〇二一年末にかけて約四割増というかつてない膨張を示したが、二〇二二年末からは対前年比で低下し始め、そのトレンドは今も継続中だ。

このM２縮小をもってして、インフレ鈍化やブラック・マンデー型の危機を予想する向きもあるが、後者こそ起こり得るものの、インフレの鈍化は望めないと言える。そもそもM２が前年比で減少し始めたのは、急激な増加の後で不可避であった。そして、M２残高は歴史的に見て極めて高い水準にある。言うなれば、この世界は依然としてマネーが氾濫しているのだ。M２の高止まりは、確実にインフレ圧力を残存させる。

そして四つ目は、「地政学リスクの高まり」だ。このことはあえて説明するまでもないだろう。現在の世界情勢は、端的に言って第二次世界大戦以降で最も危険な状態にある。二〇二二年二月のウクライナに続き、二〇二三年一〇月には中東でも戦火が起こった。米国防総省で中国担当部長を務めたジョセフ・ボスコ氏は二〇二三年一〇月一〇日、議会専門紙『ザ・ヒル』に「アメリカは四方で敵と向き合っている」と題して寄稿し、イスラエルとハマスの戦争に関連し「世界は今、四幕で構成された文明史の悲劇の二番目を目撃している」としている。ボスコ氏は、第一幕をロシアによるウクライナ侵攻、第二幕をイランを背後とするハマスのイスラエル奇襲攻撃と規定した後、「中国・北朝鮮発の反西側キャンペーンの次の段階を警戒する必要がある」（同前）と強調した。

中国、北朝鮮、ロシア、イランは、私たち西側にとって極めてやっかいな相手である。しかも、アメリカが引っ込み思案となる中、事態は緊迫化に向かう一方だ。こうした状況は今後も長く続くと想定され、これも世界経済にインフレ圧力として寄与する。

最後に、「世界の全体の債務問題」。国際金融協会（ＩＩＦ）の直近の報告書によると、世界全体の債務残高は過去最大となる三〇七兆ドル（約四京五一二九兆円）を記録した。世界の債務残高は二〇二三年上半期に一〇兆ドル、この一〇年間に一〇〇兆ドル増加している。二〇二三年上半期の増加の八割以上が先進国によるもので、特にアメリカ、日本、イギリス、フランスで大きく増えており、格付け会社フィッチ・レーティングスのエドワード・パーカー氏は

「増える利子は、先進国市場で公共財政と国の格付けに主要なリスク要因」（中央日報二〇二三年九月二一日付）と警鐘を鳴らした。

歴史的にも債務問題は、ほとんどの場合でインフレに帰結している。世界の債務残高が増加しっぱなしということは、裏を返すと現在の世界の債務問題には解《かい》がないということであり、それはいつか必ず危機として表面化する。有識者の中にはすでに世界は「財政インフレーション」（政府が不換《ふかん》紙幣を濫発したり、中央銀行引き受けによる赤字国債を発行したりすることによって、物価の持続的上昇をもたらすこと）の段階に突入したという分析もなされている。

この財政インフレは極めて厄介で、需要増や供給ショックによるインフレと違い、始まってしまうとかなり長期間に亘って物価が上がり続けることが歴史的にも確認できる。昨今のトルコやアルゼンチンは好例だ。おそらく日本も、財政インフレの入り口に立っている。

ところで、かの著名な投資家ウォーレン・バフェット氏は、コロナショック以前にインフレの到来を予期していた。二〇一九年五月、バフェット氏は米経

主要各国・地域の失業率

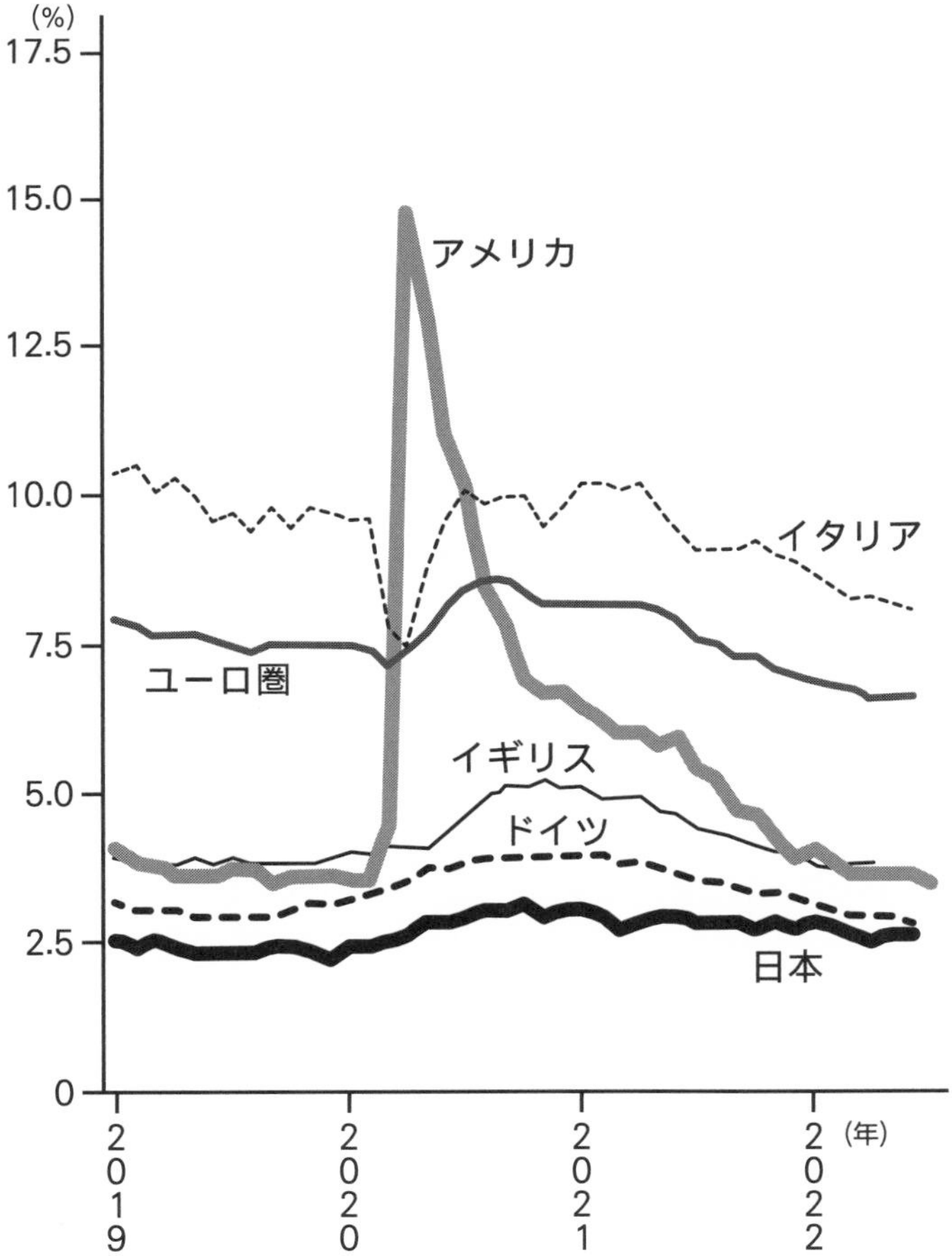

OECDのデータを基に作成

済番組ＣＮＢＣのインタビューで「現行の財政や金融政策が『極めて低水準のインフレ』と共存することは、長期的には可能ではない」とし、「将来、現在を振り返って、次に何が起こるかを予想していなかったことに驚くのだろう」と話している。

そのバフェット氏は、コロナショックへの各国の対応を見てインフレ到来の確信をさらに強めたようで、自身がかねてから嫌っていた金《きん》（ゴールド）への投資に踏み切った。氏はそれまで、農場や企業と違って生産性がないことから金《きん》への投資を全否定してきたが、新型コロナ禍をきっかけに変心したのである。

繰り返し強調するが、当局者の「インフレは一過性」という楽観論は、上述した理由から見当違いである可能性が高い。

ＪＰモルガン・チェースのジェイミー・ダイモン最高経営責任者（ＣＥＯ）は、二〇二三年一〇月にサウジアラビアのリヤドで開催された国際投資会議「フューチャー・インベストメント・イニシアチブ（ＦＩＩ）」でのパネル討論会で、約一年半前に各地の中央銀行は金融予測で「一〇〇％の大間違い」を犯

膨張を続ける全世界の債務残高

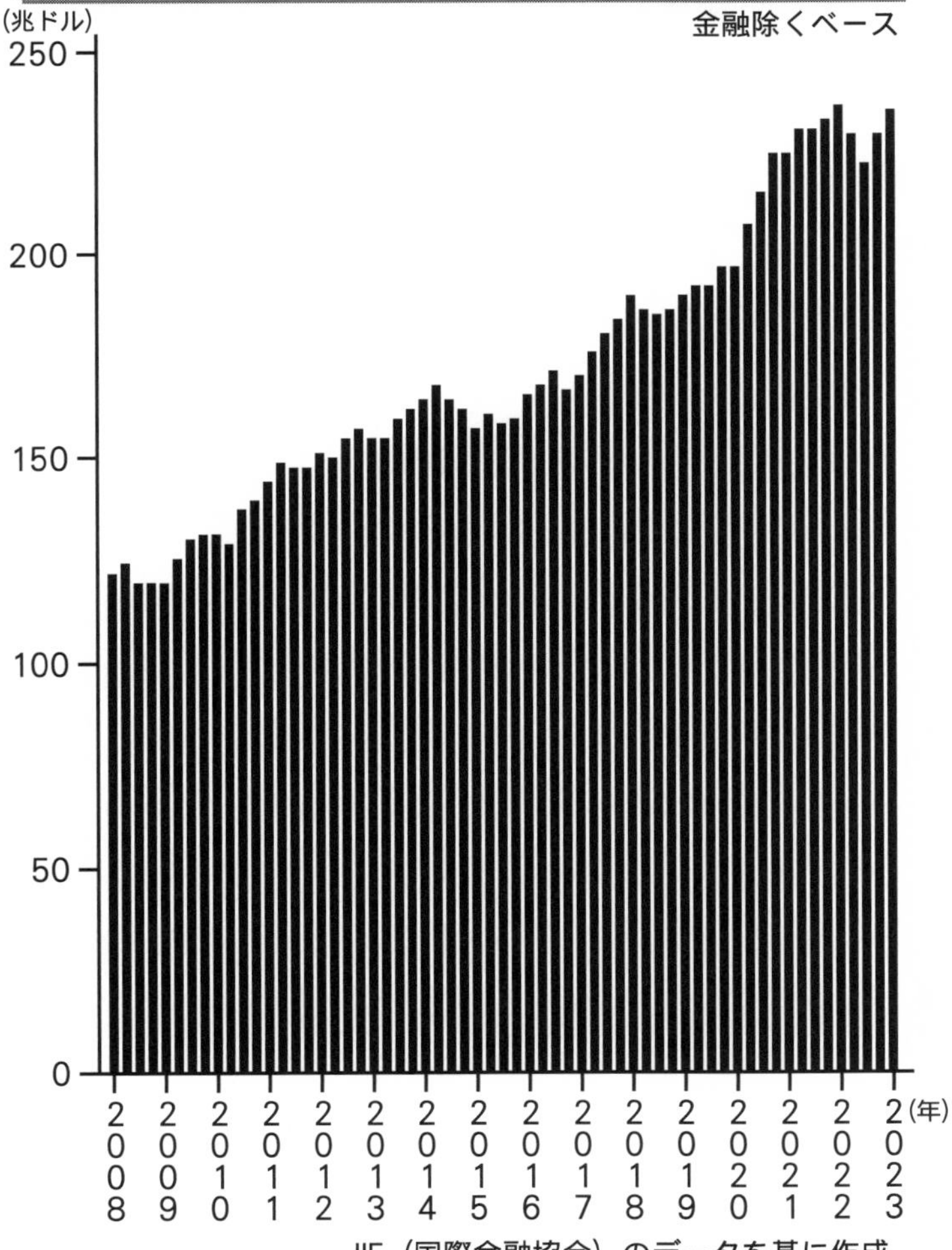

IIF（国際金融協会）のデータを基に作成

した事実を踏まえ、来年の見通しについて謙虚になるべきだと主張した。まったく同感である。

インフレが定着した世界では、日本は圧倒的に不利だ。なぜなら、債務問題を理由に通貨安に対処する上で最も効果的だとされる「利上げ」に消極的とならざるを得ないためである。さらに危険なのは、国内外から日銀が信認を失った場合だ。こうなると、冗談抜きに「ハイパーインフレ」に陥る可能性も出てくる。私が予想するのは、こうした最悪のケースだ。いずれ日銀の信認が失われると踏んでいる。そして、そこにたどり着く時間はそう残されていない。極めて危険な段階に入ったと、私は確信している。

日本の家計が反乱を起こせば〝一発アウト!!〟

日本の家計に眠る一一〇〇兆円の現預金が、二〇二四年以降にいよいよ反乱を起こす恐れが強まって来た。すなわち、現預金一一〇〇兆円の幾分かが

「キャピタルフライト」（資本逃避：資本が国外へ流出してしまうこと）してしまうリスクである。実際に家計セクターでキャピタルフライトが起これば、それは過去に経験したことのない劇的な通貨危機に発展し得るため、極度の警戒が必要だ。

市場関係者の間では、以前から「日本人のホームバイアス（投資先の国内選好）は不滅」という認識が広く共有されているが、とうとうこの神話も瓦解《がかい》するかもしれない。先に、国際決済銀行（ＢＩＳ）が発表している「実質実効為替レート」（ドルやユーロなど様々な外国通貨と比べた円の実力を示し、内外の物価格差を考慮した対外的な購買力を表す）が二〇二三年八月の時点で遡ることができる一九七〇年以来の最低の水準となったと記したが、こうした極端な円安が定着する可能性が高まっているばかりか、場合によってはさらに深刻化することも十分に考えられる。それこそ、日本の家計が反乱（すなわちキャピタルフライト）を起こす時だ。

この点、三井住友銀行が二〇二三年九月二五日から米ドル建て定期預金の金利を従来の年〇・〇一％から五・三％に引き上げ、他行もそれに準じてきていることは何かを暗示しているかもしれない。

近年は企業セクターのキャピタルフライトに脚光が当たりがちであるが、家計セクターは依然として保守的で、金融資産の半分に当たる約一一〇〇兆円をいまだに「円建て預金」で保有している。著名投資家のカイル・バス氏は、二〇一二年にダラスで私と対談した中で「日本の預金の五％でも動けば一発アウトだ」と指摘していたが、こうした懸念は今まではあくまでも〝オオカミ少年〟（杞憂）で、現実化したためしはなかった。

しかし、今回こそ違う可能性もある。まず指摘しておきたいのが、ここまで述べたように日銀が通貨（物価）の番人としての役割をなかば放棄していることだ。昨今の通貨安をもってしても頑なに金融緩和を続ける日本は、トルコやアルゼンチンと同様、国内の実質金利が大幅にマイナスとなっており、当面マイナス圏から抜け出せる可能性が低い。デフレ（実質プラス金利）が浸透していたこれまでは、円の現金・預金を保有することで特に問題は生じなかったが、今後もインフレ率が三％程度で推移するとなると、預金金利がゼロのままであれば現金・預金は年三％も目減りして行く。

果たして、こうした状況を日本人が甘受するか。少なくとも世界情勢に関心のある富裕層からは、危機感が漏《も》れ伝わってくる。

野村総合研究所のデータによると、日本の富裕層世帯が保有する金融資産額は過去最高の三六四兆円で、二〇二一年までの一〇年間でほぼ倍増した。これら富裕層がよりリスクの高い投資にシフトすれば、日本からのキャピタルフライトが急増する可能性が指摘されている。

また、新ＮＩＳＡ（少額投資非課税制度）の登場も、円安を勢い付かせてしまう公算が高い。ブルームバーグの公表データ分析によると、現行のＮＩＳＡ口座の外国株式および外国資産に投資する投資信託への投資額は二〇一五年以降、年平均三〇％以上のペースで増えている。二〇二三年三月末時点の投資額は、七兆五三〇〇億円相当で為替への影響はわずかだが、ＮＩＳＡ口座の増加傾向や税制優遇措置の拡充、一一〇〇兆円相当の家計貯蓄の活用を考えるとその影響は拡大して行くはずだ。

二〇二四年から始まる新ＮＩＳＡは、従来よりも使い勝手が格段に良くなり、若年層を中心に普及することが予想される。日本では従来ＮＩＳＡ（一般／つみたて）の成人人口に占める普及率は、二〇二三年三月末時点で一〇％程度しかなく、また家計の金融資産に占める株式の割合も同じく一〇％でしかないが、今後これらの割合が上昇して行くのは必至だ。

ただし、新ＮＩＳＡを利用しての投資先が日本株などの円建て資産に向かう保証はない。直近でこそ日本株への関心が高まっているが、趨勢《すうせい》的なドル高などを理由に海外株を志向する人も多くいるだろう。昨今では、サントリーホールディングスの新浪剛史社長のような著名人までもが、円安への危機感を表明するようになった。新浪氏は、政府や日銀の対策がなければ円安進行が続き、一ドル＝一五〇円の水準を超えて一七〇円前後まで悪化する可能性もある、とブルームバーグ（二〇二三年九月八日付）のインタビューに答えている。

仮にも一一〇〇兆円の現預金のうち一〇％でも外貨に向かえば、その影響は破滅的だ。先ほど、日本には二〇二三年八月末時点で一兆二五一一億ドルもの外貨準備があると伝えたが、現預金の一〇％（およそ一一〇兆円）がキャピタルフライトすれば、その外貨準備をもってしても風前の灯火と言える。

繰り返しになるが、日本の外貨準備のほとんどは米国債で運用されており、それを全部使うわけには行かない。おそらく、使えてあと三〇～四〇兆円程度ではないだろうか。そこまで外貨準備が減った段階でも円安が止まらなければ、市場からさらなる猛烈な売り浴びせを受け、新興国のような通貨危機に陥るリスクが高まる。

おそらくその手前の段階で、「外貨規制」（過度な通貨安を防ぐために導入される外貨への両替規制。たとえば中国では外貨への両替が一人当たり年間で五万ドルまでと定められている。通貨危機などに直面した場合、一時的に一切の外貨両替を禁じられるケースもある）が実施されるだろう。ＪＰモルガン・チェースで市場調査本部長を務めていた佐々木融氏は、以前ロイターへの寄稿で「日本人が資本規制の可能性を感じ取った時こそ家計のキャピタルフライトは加速する」と見通した。

その佐々木氏は、二〇二三年九月七日付のブルームバーグのインタビューで「円は年内に一ドル＝一五二円に向かい、来年（二〇二四年）には一五五円に下落する公算が大きい」と述べ、「日銀が仮に年内にイールドカーブコントロール（ＹＣＣ：長短金利操作）政策を放棄しても、円の長期的見通しへの大きな助けにはならないだろう」との見方を示し、「円は、来年（二〇二四年）になっても最も弱い通貨であり続ける公算が大きい」とした上で、「この状況からどうやって抜け出せるのか、分からない」との心情も吐露した。

日本でもインフレが顕在化してきた今、もはや〝家計のキャピタルフライト〟が起こるのは時間の問題だとも言える。その際は、通貨危機から資本規制まで瞬《また》く間《たた》に展開して行くかもしれない。やはり、事前の備え（ここではドル買いを意味する）が必要になる。私は本書をもって、このことの大切さを口酸っぱく訴えて行きたい。

第二章　日銀大崩壊——日銀にはもはや、出口がない

「生きるべきか死ぬべきか、それが問題だ」

一六世紀末から一七世紀初めにかけて、数々の名作を世に送り出した劇作家ウィリアム・シェイクスピア。彼の作品の中でも、「四大悲劇」の筆頭格として挙げられるのが『ハムレット』だ。王子ハムレットが、父王を毒殺して王位に就《つ》き、母を妃とした叔父（王の弟）に復讐《ふくしゅう》するという物語である。明治時代に小説家・劇作家として活躍し、日本の演劇界に大きな影響を残した坪内逍遥は、「一人の知識人の精神史を描いたものとして世界の演劇史上に特筆すべき作品」と極めて高く評価している。

見出しの台詞は、『ハムレット』の第三幕第一場で主人公のハムレットが板挟みとなっている自らの境遇に苦悩して独白する言葉だ。ハムレットが苦悩し葛藤したのは、自らが「生きるべきか、死ぬべきか」という話ではない。彼は「気高い生き方」を自らに課していた。そして、叔父が父王を暗殺し、母をも奪ったという事実に対し、自分がいかに生きるべきかを思い悩んだ。王を暗殺して復讐を果たしたいという熱情と、「人殺しは悪」という宗教的価値観に従い叔父である王への復讐心を押さえ付け、耐え忍ぶべきという理性との間で、大きく揺さぶられ続けていたのだ。

中世キリスト教世界では、人殺しは神に背《そむ》く大罪であり、死罪に値する悪行であった。ハムレットは一国を治める王の一族として、敬虔《けいけん》なキリスト教徒として、そして何より「気高い生き方」を目指す人間として、「父殺しの男への復讐」という極めて重い問題に苦悩したが、その苦悩は時代や国や、さらには置かれた境遇すらも超えて多くの人々の心を揺り動かした。なぜなら、ほとんどすべての人間が人生の中で苦しい二者択一を迫られ、苦悩するからだ。

復讐をしてもしなくても、いずれも過酷な運命が待ち受けるというハムレットのような板挟みは、私たちの人生においても決して珍しいものではない。たとえばサラリーマンが今の仕事を辞めて夢にかけるべきか、それとも現状維持で平穏な生活を続けるかを思い悩むということはよくある話だろう。現状を維持すれば平穏だが、本意ではない環境、理不尽な人間関係、望まぬ仕事の連続に心が死んだような状態を生き続けることになる。一方で、夢を追いかければ心は踊るだろうが、安定的な収入は途絶え生活が行き詰まり、一家離散という最悪の事態にも陥るリスクがある。もちろん、コトの大小はあるものの、こうしたジレンマは当人にとっては「いかに生きるのか」という大問題だろう。

さて、話を中世の戯曲から現代日本に戻そう。皆さんは、今の日本でハムレットも驚がくするだろう最大のジレンマを抱えている人をご存じだろうか。本書を手にしている読者の皆さんは、もう薄々お気付きかもしれない。二〇二三年四月に就任した、植田和男日本銀行総裁である。

前任の黒田東彦前総裁から引き継ぎ、日本の金融政策の舵《かじ》取りを任された彼こそが、今日本で一番重く、厳しいジレンマに向き合っている一人だ。黒田前総裁が始めたデフレ脱却の「異次元金融緩和」によって、日銀は莫大な国債をひたすら買い続けた。しかし新型コロナウイルスの世界的流行、ロシアのウクライナ侵攻という大事件を経て、世界は〝デフレ、低金利〟の潮流から〝インフレ、高金利〟のトレンドに急速に転換した。日本にもインフレの波は押し寄せ、すでに消費者物価は大きく値上がりしつつある。

こうなると、いつまでも金融緩和を続けるわけには行かない。物価が上昇しているのに金利が低ければ、人々は安い金利でお金を借り、どんどん消費に回すようになるだろう。インフレは加速し、やがて収拾がつかない大パニックとなる。中央銀行（日本では日銀）は物価の安定を司る重要な責務を負っているから、当然金融政策によってインフレを抑え込む必要がある。つまり利下げ政策を終了し、利上げに転じてインフレを抑制するわけだ。

具体的には、まずは金利を低位に張り付けておく「国債買い」を止め、国債市場での価格形成を機関投資家たちにゆだね、国債が相応の価格に下落（相対的に金利は上昇する）に任せるということを行なう。金融緩和政策の縮小、あるいは終了という話だ。こうすれば、低位に張り付けさせておいた長期金利は上昇し、インフレに見合った水準にまで到達するだろう。また同時に、金融緩和政策の一環として行なって来た「マイナス金利政策」も終了することとなる。

現在日本で行なわれているマイナス金利政策は、日銀当座預金の「超過準備」にマイナスの金利を適用するというものだ。金融機関は、日銀当座預金に一定額以上のお金を預けておくことが定められている（法定準備預金）。これは、金融機関の資金繰りが悪化した場合にこの準備預金を取り崩して支払いが滞るのを回避するためのものだ。この法定準備預金額を超える預金部分が「超過準備」で、マイナス金利政策ではこの超過準備にマイナスの金利を付けることで金融機関に超過準備を回避させ、投資に向かわせることを狙いとした政策だ。

実際に狙い通りの効果を発揮したかはかなり怪しいが、いずれにしてもインフレに伴って金融緩和（超低金利への誘導）を終了するのと同時に、マイナス金利政策も終了することになる。

そして、これでもインフレが高進するようであれば、今度は政策金利（短期金利）を引き上げる段階となる。これは銀行同士がごく短期でお金の貸し借りをしている「コール市場」に、日銀が介入して大量の資金を投入することで金利を誘導する政策だ。コール市場では、借り手と貸し手の需給バランスで金利

日銀の金融緩和政策

「異次元緩和」

大量の国債買いによって
長期金利を低位に張り付ける

「マイナス金利政策」

日銀当座預金にマイナス金利を付け、
金融機関に投資行動を促す

「ゼロ金利政策」

短期金利（コール）市場に
日銀が資金供給し、
金利をゼロ付近に誘導する

インフレが高進すれば、
いずれの政策も終了、金利は上昇へ
→しかし、金利上昇は日銀、
政府にとって非常に危険

が決まる。借り手が多ければ、貸し手が多少金利を上乗せして不利な条件を出しても借り手は付くため、金利は上がる。逆に、貸し手が多ければ金利が下がるという原理だ。マイナス金利政策の前に行なっていた「ゼロ金利政策」では、日銀がコール市場に介入して大口の貸し手に回ることで短期の金利をゼロ付近に張り付ける、ということが行なわれた。

利上げをするならば、これの逆を行なうということだ。日銀がコール市場から資金を引揚げ、さらに借り手に回って資金を吸収すれば、金利はどんどん上がって行く。こうすると、短期金利の上昇に連動して市中の金利も上昇して行くこととなる。日銀が政策として誘導する金利は、日本の金利のボトムラインとなり、銀行預金から住宅ローンなど、あらゆる金利に波及することとなる。当然、日銀当座預金にも付利（利子を付ける）することになる（付利しないという方法もあるが、それは実質的な利下げ政策となり利上げ政策と矛盾するほか金融機関にとってもダメージとなる）。

ただ、日本の場合、国債買いはすぐには止められない。なんとなれば、国債買いを止めることはおろか、止める「考えがある」などと言うことすらできないのだ。もし日銀が今すぐ国債買いを止めるなどと言えば、日本の国債はすさまじい〝売り浴びせ〟に遭うだろう。そうなれば日本国債の価値は暴落し、金利は急騰して莫大な政府債務に一気に火がつく。行き着く先は「財政の死」だが、それはすなわち「日銀の死」であり「円が紙キレになる」こととも同義だ。

日銀のジレンマ――「日銀当座預金」という大問題

なぜこんなことになっているのか。そのことについて、私は何度か書籍で触れて来た。また、日本経済新聞など比較的経済に特化したメディアなどでもたびたび報じられているが、やはり一般の人々にはどうしてもわかりづらいきらいがある。ここで、具体的な数字も出しつつもなるべく平易に「日銀のジレンマ」を解説してみたい。

まず、日銀がジレンマに陥っている元凶が「莫大な負債」だ。ここで「おや⁉　日銀は借金を背負っているのか？」とお思いの方もいらっしゃるかもしれない。そう、日銀は大きな負債を抱えているのだ。日銀が大量の国債買いをしているため、さぞ資産を持っているのだろうとお考えの方も多いだろう。それはその通りである。日銀にとって、「日本国債」は資産である。ちなみに、二〇二三年六月末時点で五八四兆円を保有しており（国庫短期証券を含む）、発行残高の実に五三・四％を保有する計算だ。

では、この国債をどうやって買ったのかというと、それは日銀が大量に日本円を発行して支払ったのだ。「日本銀行」は日本の中央銀行であり、実質的な通貨発行権を持つ。日銀は、必要に応じて理論上は無制限に通貨を発行することができるのだ。よって、金融緩和政策を実行するために国債をひたすら買って、その代金である日本円を発行し続けているのである。

この国債を、誰から買って誰に代金を払っているのか。それは、主に銀行などの金融機関から買い、代金を払っている。そして、支払先は実はそれぞれの銀行の口座ではない。日銀内にある、各金融機関の「日銀当座預金」の口座に振り込まれているのだ（これを「預金通貨」と呼ぶ）。

「日銀当座預金」は、金融機関同士や日銀、国との決済手段として用いられるほか、金融機関が企業・個人に支払う現金通貨の支払い準備、準備預金制度の対象となっている金融機関の準備預金のために使われるものだ。一定以上の条件を満たす金融機関は「準備預金制度」に基づいて日銀の当座預金口座を持ち、そこに一定の預金（準備預金）を預け入れることが義務付けられている。銀行などが保有する国債を日銀が買うと、その代金はこの口座に振り込まれるというわけだ。

ちなみに、日銀が「市中の国債」を買い上げると言ったが、この点は実は非常に重要である。日銀は「財政法第五条」の定めによって、国が発行する国債を直接国から買うことはできない。日銀の国債直接買い付けは、かつて太平洋戦争期に戦費調達を目的として行なわれたが、国債の乱発によって財政規律が崩壊し莫大な政府債務を生み出した結果、戦後すさまじいインフレを引き起こした。そうした経緯から、現在は法律で禁止されているのだ。同様の規定は、諸外国の中央銀行にも課せられている。

さて、この規定のため日銀は、政府からは国債を買うことができない。そこでどうするかというと、政府が発行した国債を一度市中で消化し、それを日銀が買い上げるというわけだ。

少し具体的に見てみよう。まず、国債は財務省が発行し、金融機関が参加する入札によって売り出される。金融機関はこれに応札し、落札した国債を購入する。そして、その国債を今度は日銀が購入するのだ。このように説明すると、「これは財政法の規制を潜《くぐ》り抜ける抜け道なのでは?」と思われるかもしれない。

率直に言って、その通りだ。こんなものは、どんな説明を付けてもただの方便でしかない。確かに金融機関は自らの「自由意志」で入札に参加できるし、損が見込まれる取引なら応じないという権利がある。しかし実際のところ、財務省や日銀に盾突《たてつ》ける金融機関などあろうはずがない。財務省も日銀も「御上」であり、彼らの言うことは絶対なのだ。「買え」と言われれば「買う」のである。

もちろん、これで金融機関が大幅な損失を被《こうむ》り、経営が傾くようであれば大

日銀の国債買い上げ

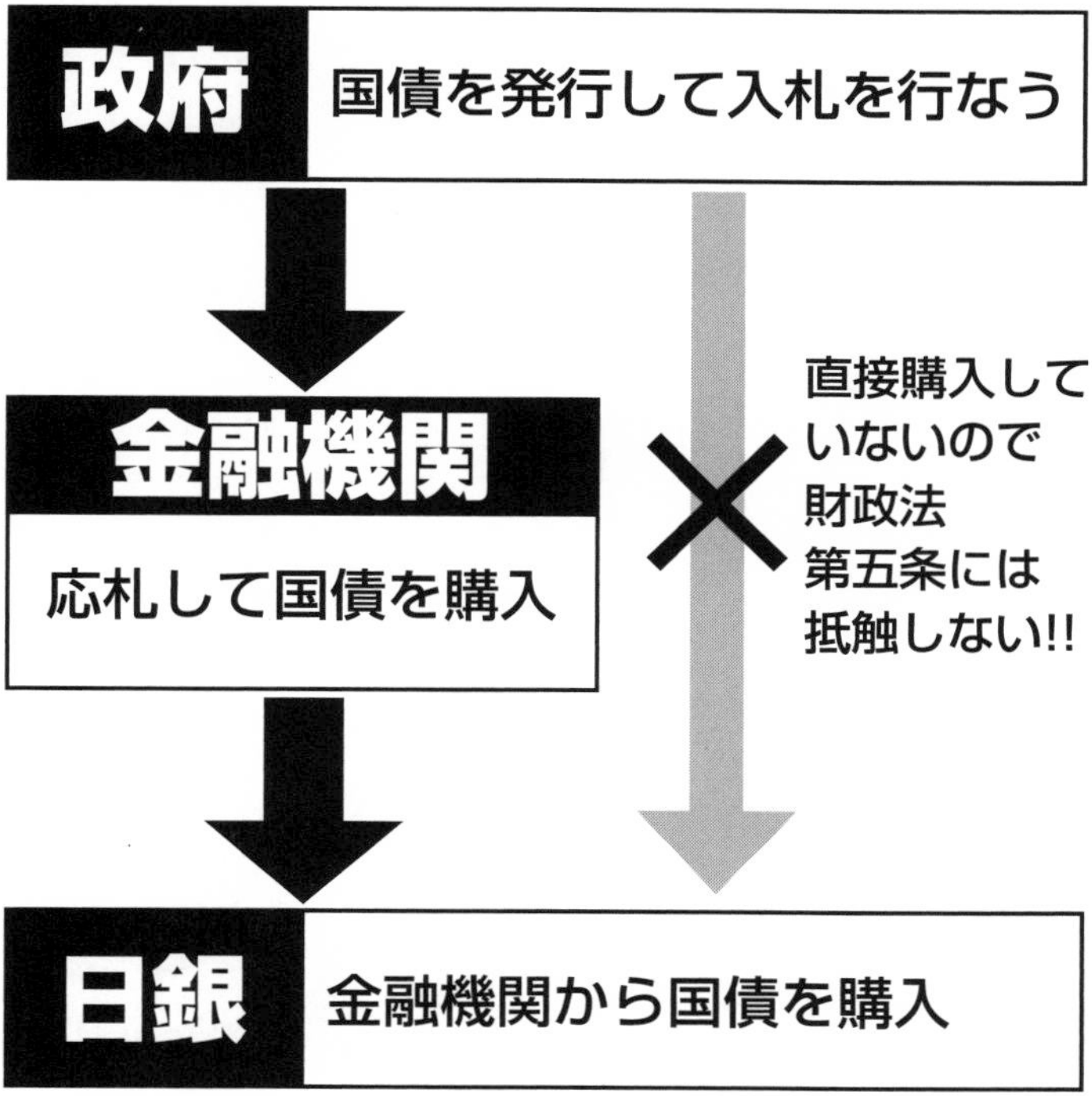
政府
国債を発行して入札を行なう
金融機関
応札して国債を購入
直接購入していないので財政法第五条には抵触しない!!
日銀
金融機関から国債を購入

このからくりに「否」を唱えられる金融機関はいない……

きな社会問題となる。特に、ゼロ金利政策からマイナス金利政策に突入したことで、二〇一四年末頃から日本国債もマイナスの利回りが付くようになった。これは要するに、国債を「買った人が利息を払う」ということで、金融機関にとっては「買うと利息を払わされる」商品である。こんなものを誰が買うのか、という話だが、実はこの時、日銀は金融機関に対して絶対に損をしない価格で日銀が買い取るという約束をしていたのだ。逆に言えば、そうでもしなければ入札が不調になるか、応札価格が額面割れとなって政府が調達予定額を割り込むという危険な事態でもあったのだ。

長年のゼロ金利政策、そして異次元金融緩和によって、金融機関はリスクを取って貸し付けても利ザヤが取れず、収益を上げられる融資先がどんどんなくなっていた時代である。政府・日銀が「損をしない建て付け」を用意して国債を発行するのだから、これに乗らない手はない。金融機関にとっても、厳しい経営環境の中で国債を入札しないという選択はなかったのだ。

このような背景から、この「国債ロンダリング」とでも言うべき国債増発からの日銀買い付けは、金融機関を巻き込む形で回り続けたのだ。

こうして、二〇一二年の「アベノミクス」始動と二〇一三年の黒田日銀による「異次元金融緩和」の発動以降、日銀は順調に国債保有を増やし続け、前述の五八四兆円、比率にして五三・四％という莫大な国債を保有したわけである。

さて、日銀はこれだけの資産を持っているわけだが、裏を返すとこれを購入した代金というのは日銀にとっては「負債」となる。会計の概念で「バランスシート」というものがあるが、これに基づくと企業や組織が資産を持つ時、それと対を成す「負債」と「資本」が存在する。

日銀のバランスシートでは、日本国債が「資産」の部に組み入れられ、対となる「負債・資本」の部に日銀当座預金が組み入れられる。当座預金の資金は「国債という資産」を買うことで振り込まれたものだが、これは日銀が発行した通貨であり、資本ではなく「負債」として計上される。参考までに、世界の主な中央銀行でも、発行された通貨は中央銀行の「負債」とみなされる。

歴史的背景を紐解《ひもと》くと、元々紙幣は金《きん》や銀との交換が保証された「兌換券《だかんけん》」

バランスシートとは？

日本語では「貸借対照表」と呼ぶ。
企業や組織の会計では、
資産と負債・資本が一致する。

■貸借対照表（B/S）

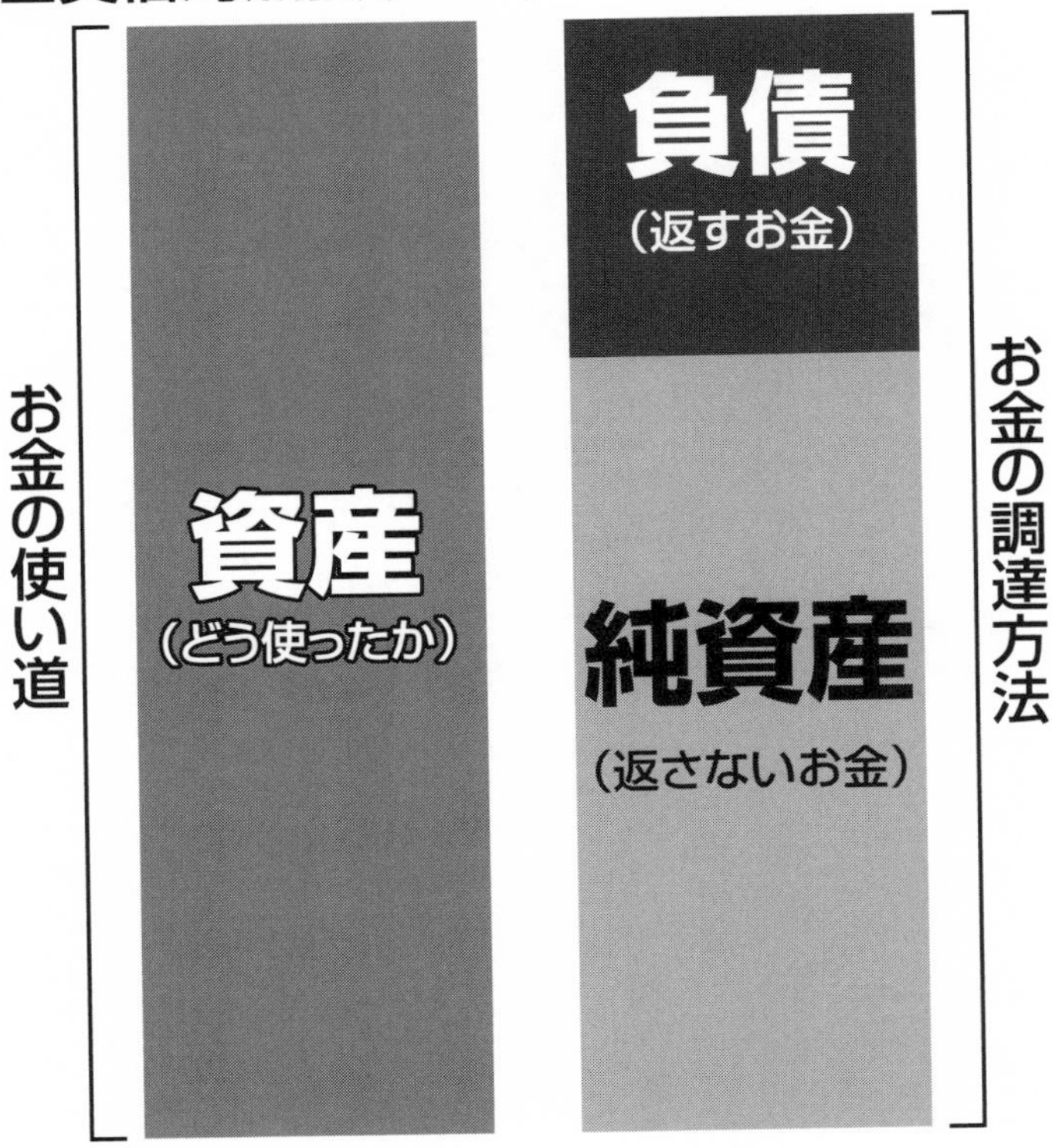

日本銀行（日銀）のバランスシート

日本銀行営業毎旬報告 2023年10月31日現在より

貸方（資産）		借方（負債・資本）	
750兆円		750兆円	
国債	594兆円	発行銀行券	120兆円
社債	6兆円	当座預金	551兆円
ETF	37兆円	その他預金	39兆円
REIT	6兆円	政府預金	17兆円
貸付金	97兆円	引当金勘定	8兆円
など		準備金	3兆円
		など	

資産の部に莫大な額の日本国債が、
そして負債の部には同じく莫大な額の
「日銀当座預金」が入っている。

であり、金《きん》や銀への交換依頼に対応できる必要があった。そのため、中央銀行は発行する紙幣に応じた量の金銀の現物を保有する義務があった。つまり兌換券は一種の「債務証書」であり、負債とみなされたのである。

その後、金《きん》本位制から管理通貨制に移行したが、紙幣の価値は中央銀行が信認を維持する責務があり、実質的には「債務証書」としての性質に変わりがないことから「負債」として扱われている。

さて、では日銀はどれだけの「負債」を抱えているのだろうか。二〇二三年一〇月末時点の営業毎旬報告によると、日銀当座預金残高は五五一兆円にものぼる。この額がどれくらい巨額かと言えば、二〇二二年度の日本の年次GDPが名目で五六二・三兆円であり、これに匹敵する額ということである。日本の政府債務は二〇二三年度末には一〇六八兆円にものぼる見込みであり、地方の債務と合わせて一二〇〇兆円超、また対GDP比では二五八・二％と莫大であるが、その借金の半分を日銀が引き受けているのだ。形としては「日銀当座預金」だが、これはまさに「負債」の名にふさわしいリスク要因を抱えている。

金利二％で日銀自体が債務超過に

その、「リスク」とは何か。端的に言うと、金利の上昇によって日銀が債務超過に陥ってしまうという危険だ。さらに言えば、それは日銀が発行し信認を維持している「日本銀行券」、すなわち「円」が紙キレになるという、まさに本書のタイトル通りのリスクにもつながって行くのである。金利が上昇すると、日銀は二つのダメージを負うことになる。まず、金利が上昇することで国債の価格が下落し、それによる評価損が発生することだ。

国債をはじめとした債券には、面白い特徴がある。それは、金利と債券価格が連動している、というものだ。わかりやすいたとえで見てみよう。額面一〇〇万円、満期二年で金利が一％の国債を考える。売り出し時点でこの国債は一〇〇万円だが、買った人は二年後に合計で一〇二万円を受け取ることができる。だが翌年、今度は世の中の金利が二％になり、同じく額面一〇〇万円、満期二年で金利が二%の国債が売り出されたとしよう。すると、これを一〇〇万円で買った人は二年後に一〇四万円を受け取れる。前年に金利一%の国債を買った人は割損である。

そこで、この人が古い国債を売り、新しい国債を買おうと考えるとどうなるか。売り出した国債は、一年で一万円の利益にしかならないものだ。一方、世の中には一年で二万円の利益を得られるものが売り出されている。もし、古い国債を売ろうとするなら、新しい国債と同程度の利益が出るように「値引き」しなければ売れないだろう。この例で言えば、額面一〇〇万円で購入した国債を九九万円に割り引かなければ、新しい国債と利益が釣り合わないことになる。

これは、逆もしかりだ。市中の金利が下がれば、高金利の債券は「お宝」商品になる。必然的に、取引価格がそれに見合う形で上昇するのである。ただ、実際の債券価格と金利の関係はもっと複雑なもので、この例での正確な価格も異なる。この例はあくまで理解しやすさを優先したものであり、厳密さや正確さに欠ける部分があることは、あらかじめお含み置きいただきたい。

債券の金利と取引価格の関係

市中金利1%

新発国債：
額面100万円、2年満期、金利1%

1年後

市中金利2%

新発国債：
額面100万円、2年満期、金利1%

このとき、1年前の国債を額面通り売ろうとすると、1万円割損となる
1万円割り引いて売らないと、新発ものと釣り合わない

すなわち

金利の上昇 → **債券価格の下落**

逆もしかり

金利の低下 → **債券価格の上昇**

さて、話を日銀のダメージに戻そう。金利の上昇が債券価格の下落に直結するわけだが、では日銀が保有する国債はどの程度の評価損を出すのだろうか。

この評価損について、参考となる数字がある。少し前のことだが、二〇一七年五月一〇日の衆議院財務金融委員会で当時民進党の前原誠司議員が黒田日銀総裁に質問した時のものだ。前原氏の質問に対して黒田日銀総裁は「一％金利が上昇した場合を試算すると、（日銀の抱える国債は）約二三兆円の評価損が発生する。一・五％上昇するとその一・五倍の評価損が発生する」と回答している。二〇一七年三月に日銀が抱えていた国債保有残高は三八六・八兆円、それに対して現在は五八四兆円となっており、保有残高は一・五倍に増えている。保有する国債の残存年数などによって実際の計算は異なるだろうが、大まかに言えば一％金利が上昇した際、「二三兆円×一・五」で三五兆円弱の評価損が発生する計算となる。

一方で、日銀の自己資本残高（資本勘定および引当金勘定）は、二〇二三年三月末時点で一一・八兆円となっている。もし金利が一％上昇すれば、一年後には二三兆円超もの大幅な実質債務超過に陥ってしまう計算だ。国債の評価損という視点で見れば、日銀が実質債務超過状態になるのは一％のはるか手前、〇・三％程度でも十分なのだ。実際には、国債の残存年数の関係からそれよりも高い金利水準まで超過はしない可能性もあるが、いずれにしても時価ベースで考えればすぐにでも〝致命傷〟を負うような状況にあるのだ。

ただ、幸いなことに日銀は国債の評価損で債務超過に陥り、即パニックに陥るということにはならないだろう。なぜなら、日銀が抱える国債は満期保有を目的としており、会計処理においては「償却原価法」を採用しているためだ。非常に簡単に言えば、日銀の国債は時価評価されることはないということで、よって評価損が計上されることもないのだ。

ただ、これはあくまで会計上の話である。今後、日銀はかなり長期に亘って実質的には債務超過という状況に陥る可能性があるが、これを果たして「中央銀行の健全なあり方」と強弁しきれるのか。ことあるごとにメディアも疑念を呈するだろうし、さらに言えば海外の投機勢には「手負《てお》いの獲物《えもの》」と映るだろう。財務内容に深刻な不安を抱える中央銀行は、みごと仕留めれば莫大な利益が転がり込む巨大な獲物である。

かつて、ジョージ・ソロスがイングランド銀行を叩きのめし、莫大な利益を上げたことを投機筋の誰もが知っている。彼らは自らが「第二のソロス」となるべく、日銀を叩きのめすチャンスを常に狙っている。今後、彼らが仕かけるたびに日銀は疲弊し、日本円へのダメージは蓄積するだろう。

さて、金利上昇によるもう一つのダメージだが、こちらの方がより深刻だ。膨れ上がった当座預金の利払いが増えるという危険だ。日銀の当座預金は、一部には金利が付かないものがあるが、ほとんどは一般的な銀行預金と同じように「金利」が付く。日銀がインフレ抑制のために政策金利を上昇させれば、おのずとこちらの金利も上昇するわけで、それにより日銀の金融機関への利払いが増え、その多寡《たか》によっては日銀が債務超過に陥る可能性があるのだ。

これに関連して、日本経済新聞二〇二二年七月六日の記事がわかりやすいので一部抜粋しておこう。

（前略）日銀は五六〇兆円を超す当座預金を抱えており、利払いが運用利回りを上回る「逆ざや」が一％分になれば単純計算で年五兆円超の損失が発生することになる。（中略）

損失が続いて自己資本（約一〇兆円）を上回れば日銀は事実上、債務超過に陥る。東短リサーチの加藤出社長の試算では、当預に〇・五％の利息をつけると逆ざやが発生し、二％まで引き上げると一年程度で日銀が債務超過となる可能性がある。（後略）

（日本経済新聞二〇二二年七月六日付）

これより以前にも、日銀が利払い上昇で債務超過に陥ることを指摘したレポートが存在する。河村小百合氏による「日本の財政が破綻すれば、週五万円しか引き出せない日々がずっと続く。ＭＭＴの行き着く先を考察する」（プレジデントオンライン二〇二〇年一二月二四日付）だ。

河村氏は日本総合研究調査部主席研究員で、日本でも最高峰の一角を担うシンクタンクで実績を持つ人物である。河村氏は、このレポートで現在の国債の状況をこう指摘する。「すでに財政は〝世界最悪〟の状態にあるわが国で、それでもなお、こうした政策運営を延々と続けることができているのはなぜか。それはひとえに、黒田総裁率いる日銀がすでに七年以上の長期にわたり、『量的・質的金融緩和』という〝事実上の財政ファイナンス〟を継続していることによる」――二〇二〇年時点のレポートで、黒田総裁の金融緩和を〝財政ファイナンス〟という禁じ手であると断じているのだ。

実質的な意味で、財政法第五条の「日銀による公債直接買い付け」を行なっているに等しいということでかなりセンセーショナルな指摘であるが、実はもっと注目すべき箇所がある。その部分を抜粋しよう。

この国の経済や財政運営のすべてのリスクが、日銀に転嫁されていることを意味する。

ひとたびリスクが顕在化し、日銀が赤字ないしは債務超過に転落し、それが長期化する事態となれば、日銀の損失は年当たり数兆円の規模に達し、政府が補填を余儀なくされるであろう。

実際、日銀が保有する資産の加重平均利回りは二〇二〇年度上半期決算時点でわずか〇・一九八％しかなく日銀は今後、短期金利をたった〇・二％に引き上げるだけで〝逆ざや〟に陥る。一方、負債である当座預金の規模がすでに四八七兆円（二〇二〇年一一月末）にまで拡大している現在、〝逆ざや〟の幅が一％ポイント拡大するごとに、日銀は年度あたり五兆円弱の損失を被ることになる。日銀の自己資本が、引当金まで合わせても九・七兆円しかないことを考えると、日銀が債務超過に陥る可能性は大きい。

（プレジデントオンライン二〇二〇年一二月二四日付）

短期金利が上昇し、逆ザヤの幅が一％拡大するごとに、日銀は五兆円弱の損失を被る。日銀の二〇二三年三月末時点の自己資本は一一・八兆円であるから、一％の逆ザヤが一年続けば二年ちょっとで、逆ザヤの幅が二％になれば一年ちょっとで債務超過に陥る可能性は大きいということだ。

現時点では実際にこのような事態に陥ってはいないが、今後金利上昇が本格化すれば、日銀にとっていよいよ危険な状況に陥るのは明らかだ。

日銀の債務超過がもたらす危機

では、「日銀が債務超過に陥る」とはどのような事態なのか。一般的に企業が債務超過に陥れば、「破産手続き」の開始を検討するということになる。上場企業において債務超過となれば、それは上場廃止の原因ともなる深刻な事態だ。普通の会社なら、〝潰れるかどうか〟という話なのだ。

しかし、日銀は普通の会社ではない。少々前だが二〇一七年六月一日、岐阜市で行なわれた日銀の原田審議委員の記者会見の場で、記者が「日銀が赤字に陥るとどうなるのか」「債務超過になるとどうなるのか」という質問を矢継《やつ》ぎ早《ばや》に行なった。それに対する原田審議委員の回答はこうだ。「赤字になったとしても短期的であって、（金利上昇により、高い金利の国債に入れ替わるため）将来的には日銀の収益がより改善すると予想でき、問題が生じることはない」。また、債務超過については「日銀は普通の企業ではありませんので、債務超過であるとか、あるいは赤字であるとかを気にする必要はありません。金利が上がれば日銀が保有している国債からの金利収入は増えるため、最終的には利益が増えるということです。理論的に考えても、現実的に考えても心配する必要はない」と、「問題なし」と答えている。

一見、当たり障《さわ》りのないような回答にも見えるが、「大丈夫」の根拠が将来の楽観論のみに基づいており、さらに「万が一、危機的状況になったらどう対処するのか」という「危機管理の観点」がすっぽり抜け落ちている。東日本大震災の前に「日本の原発は大丈夫です」と言っていた専門家たちと同じレベルで、はっきり言えば説明になっていない。

もちろん、日銀がやっている仕事は「日本のお金の信認」に関わる物事であり、その信認が揺らぐようなことを「中の人」が言うことは自分たちの自己否定につながるため、「債務超過になるとちょっとまずいですね」などとは口が裂けても言えないだろう。ただ、それでも漠然《ばくぜん》と「大丈夫です」と言っているような感じであり、かなり苦しい回答という印象だ。

もちろん原田氏が指摘する通り、日銀が保有する莫大な国債からの金利収入が増えるというのは、あり得ることだ。ただ、それは国債の買い換えによって段階的にそうなって行くのであって、金利上昇局面でいきなり国債からの金利収入が増えるというものではない。一方で当座預金に対する付利は、〝待ったなし〟である。短期金利の上昇に応じて付利をする必要があるため、債務超過状態はむしろ慢性化、常態化する危険もあるわけだ。

実際に債務超過に陥った場合、次にどういう問題が起きるのか。まず目先では、日銀が被る損失に応じて政府がそれを補填《ほてん》しなければならなくなる。これは、先述した河村氏もレポートで指摘している。

通常、日銀には通貨発行益（シニョリッジ）が生じている。これは、利子の付かない日本銀行券を発行し、利子の付く国債を保有したり、有利子で貸し出したりすることで生じる利益で、中央銀行に固有の利益だ。日本では、それら日銀の利益は日本銀行法第五三条により国民の財産として国庫に納付されることになっている。そしてこの納付金は、国の一般会計の歳入金となる。

日銀の利益が国に入るということは、当然その逆もあるということだ。日銀が損失を出した時は、国からその分が補填される構造になっているのである。たとえば、金利が二%にまで上がると、日銀はすぐにも債務超過寸前の事態に陥る。それを政府が補填するのだ。政府にとっては、金利上昇による将来の利払い負担の増加に加えて、目先では日銀から兆円単位の補填を求められるという事態になるのだ。この構図では、日銀自体が直接ダメージを受けるわけではない。しかし、政府の財政リスクに対する懸念は急速に高まることとなる。

「政府の信認低下」とは、イコール「国債への信用低下」である。そしてそれは、国債を大量保有する「日銀の信認」、さらに巡り巡って「日本円の信用」にもつながって行くこととなる。

結局、「債務超過となっても政府が補填するから大丈夫」というのは、ある種の方便なのだ。補填する政府が借金まみれで、しかもその借金の大半は日銀が担っているとなれば、「親亀《おやがめ》コケれば子亀《こがめ》もコケる」――政府ともども日銀の信認も失墜すると考えるのが道理だ。

管理通貨制度を採る現代の中央銀行にとって、通貨や金融システムの維持に対する信認が揺らぐことは致命傷である。海外から見れば、暴落するリスクのある通貨など怖くて持てないし、その通貨建ての金融商品など見向きもしなくなる。さらに投機筋は、暴落を見越して売り浴びせによる荒稼ぎを狙うだろう。日本円の信認が失墜すれば、待ち受けるのはすさまじい円安の嵐だ。食糧やエネルギーの大半を輸入に頼る日本にとって、円安は輸入物価の高騰を引き起こす。急速なインフレが発生し、庶民生活は甚大な打撃を被ることとなるだろう。

さらに恐ろしいのは「資本流出」だ。急速な円安とインフレによって円の実質価値が暴落すれば、必然的に日本国内でも「日本円からの逃避」が加速するだろう。円建て資産を外貨建て資産に転換し、さらに海外に資産を移転する動

き も一気に加速することになる。これを放置すれば、円安とインフレのスパイラルは制御不能となるため、厳しい金融規制が行なわれるかもしれない。
こうなれば、日本円が「紙キレ」化するという未来図が、もはや誰の目にもはっきりと見えてくる。戦後すぐのドサクサの時期、激しいインフレに対抗するためカネをモノに換える「換物運動《かえもの》」というものが巻き起こったが、令和の世にも換物運動のパニックが再来するかもしれない。

日銀はすでに中央銀行の体を成していない

日銀の置かれた状況を今一度整理しよう。まず、異次元緩和政策によって六〇〇兆円にも迫ろうかという莫大な国債を保有するに至った。これに伴って、日銀当座預金も五五一兆円とＧＤＰに匹敵する額となり、パンパンに膨れ上がっている。今はまだ低金利なので、当座預金への付利が日銀の負担とはなっていない。しかし、新型コロナウイルスの世界的流行と時期を同じくして、世界経済はそれまでのデフレ基調から急速なインフレにシフトした。もちろんこの流れは日本にも波及しており、消費者物価は急速に上昇している。いよいよ異次元金融緩和もその役目を終え、出口を模索する時期に差しかかった。具体的には、マイナス金利やゼロ金利、長期金利の低位安定策（ＹＣＣ：イールドカーブ・コントロール）を解除し、利上げの方向に舵を切る時が来たのだ。

しかし、日銀は機動的にこれを行なうことが極めて難しい状況にある。金融緩和を終了し、急速に金利が上昇すれば、先述したようにあっという間に日銀は債務超過に陥ってしまうのだ。さらに、政府債務に対しても利払い費の増加圧力が一気にかかる。財政も金融システムも激しい動揺に見舞われるだろう。それを防ぐには、残念ながら日銀は金利を押さえ付け続けなければならないし、国債も買い続けなければならない。

もちろん、こんなおかしな政策が永続できる道理はない。その証拠に、影響は別のところに出始めた——為替だ。

海外でインフレが高進し、各国が次々と利上げを実施してインフレ抑制に奮闘する間、日銀は金融政策を変更せず、国債を買い政策金利もゼロ付近に誘導し続けた。その結果、二〇二一年年初には一ドル＝一〇五円を割り込むほどの円高水準にあった日本円が、徐々に円安へと傾き始め、二〇二二年には急速に円安が進行、一五〇円台という三二年振りの水準にまで到達したのだ。

　この円安急進は、日本の低金利政策が大きく関係している。日本と海外との金利差が急拡大したことで、日本円が売られ外貨が買われたのである。

　外国為替の変動には様々な要因が考えられるが、その一つに挙げられるのが「内外金利差」だ。一般的に、信用が低い新興国の通貨などは相対的に金利が高く、先進国の安定性の高い通貨は金利が低いとされるが、インフレ期には先進国も率先して利上げを実施し、高金利通貨になることがある。安定性の高い先進国通貨に高い金利が付くとなれば、当然その通貨は買われ、通貨高に振れる。一方で、そうした局面において金利が低い通貨は売られ、通貨安となるわけだ。日本だけがゼロ金利、マイナス金利と言った超低金利政策を行なう一方で、アメリカやユーロ圏では四％、五％と金利を上げて行ったのだから、円安が急速に進むのは当然の話なのだ。

さて、足元で進む円安は、ガソリン価格や電気代など様々な価格の上昇圧力となっている。物価の安定は、中央銀行である日銀の責務であり、物価につながる為替の管理もやはり日銀の責務である。中央銀行は〝通貨の番人〟であり、日銀は「円の価値を維持すること」が重大な存在意義の一つなのだ。

日銀は、行き過ぎた為替を食い止めるための手段を持っている。「為替介入」がそれで、具体的には日銀と財務省の資金を使って行き過ぎた為替を巻き戻すことを行なう。円高が進行し、経済に悪影響があると判断した場合には「円売り、ドル買い」の介入を行なう。この時、介入の原資は日本円であり、日銀は理論上いくらでも通貨を発行できるため、比較的介入を行ないやすい。

しかし、これが円安を食い止めるとなると限界がある。日銀と財務省が持っている外貨準備を使って「円買い、ドル売り」を仕かける必要があるためだ。つまり、持っている外貨準備以上に円買い介入をすることは難しいのだ（実際には、外国から外貨を借りてきて行なう方法もあるが、コストがかかるほか外国との交渉も難航する可能性がある)。日本の外貨準備高は二〇二三年三月末現在で約一七〇兆円で、そのうち約一八兆円が預金、約一三四兆円が米国債などである。こうしてみると、かなり潤沢に介入原資があるようにも見えるが、実際にはこれを全部原資に回すことは難しい。米国債を現金化するには、市場で売却する必要がある。大量に売りに出せば米国債価格に大きな影響がおよぶほか、アメリカとの交渉も必要となるだろう。

つまり、介入に使える持ち玉は外貨準備高の満額ではなく、もっとはるかに少ない額であるということである。また、介入は「意外性」「サプライズ」こそが短期的に効果を発揮するわけで、日銀はそう頻繁に介入するわけには行かない。「慎重にタイミングを見極めて」「効果的に」行なう必要があるのだ。

さて、二〇二二年に円安が急速に進んだ際には、日銀が円買い介入をたびたび行なったが、結局のところ二〇二一年以前の水準に戻ることはなく、一時的に円高進行したものの、結局は一ドル＝一五〇円近辺にまで逆戻りした。この時の日銀は、総額で「九兆円超」を介入原資に使ったが、これだけの資金を投じても円安は食い止められなかったのである。これは、アメリカなどを巻き込んだ協調介入ではなく、日銀の単独介入であったことにも理由があるが、いずれにしても今の日本の状況では「日銀が介入をしたところで円安を食い止めることはできない」ということなのだ。

また、もしここで円買い介入をたびたび実施すれば、それこそ海外投機勢との消耗《しょうもう》戦になることも目に見えている。そして外貨準備の持ち玉が底をつけば、一巻の終わりだ。あとは円安進行と高インフレを放置せざるを得ず、国内金利が一定程度まで上昇し金利差が埋《う》まるまで円安は留まらないだろう。それが果たして、二〇〇円なのか三六〇円なのか。それは、「神のみぞ知る」話である。

結局、今の状況で円安を是正するなら、本質的な方法は金利を上げるほかはない。あるいは、海外のインフレが鎮静化し利下げ基調に転じれば円安圧力は和らぐが、これは神風が吹くことを祈るような、まったくもって日本的な解決法と言わざるを得ない。そしてその肝心の金利は、先ほどまでで見てきた通り完全に袋小路に入り込んでいるのである。

本来、日銀は物価の安定や通貨価値の維持といった責務を果たすために、①円の流通量を調整したり、②金利を上下させたりという金融政策を行なう。もちろんこれは、円の流通量を「増やす」だけではなく「減らす」ことも、金利を「低く抑える」だけでなく「引き上げる」ことも含まれるのだが、現在の日銀は円の量を増やすこと、金利を下げることはできても、その逆を行なうことはできないのだ。

日本国債を買い上げ続けた結果、日銀当座預金には莫大なマネーがあふれるに至った。そしてそれを減少させる術はなく、さらに国債を買い支え続けなければならないため、増加を止めることも至難となっている。

金利についても同様だ。もし、インフレが高進すればゼロ金利を止めて政策金利を上げる必要がある。しかし政策金利を上げれば、日銀当座預金にも付利する必要がある。金利が二％に到達すれば、日銀はわずか一年で債務超過に陥るだろう。政府がこれを補填するとしても、そう長くは続けられない。政策金利の上昇によって長期金利の上昇も避けられなくなれば、政府が発行する国債の金利も上げざるを得なくなる。予算に占める国債費の割合が増加し、さらに日銀への補填も行なうとなれば、いよいよ財政が持続不可能となるだろう。

いまや日銀は、「通貨の番人」としての機能を完全に失っている。

かつて安倍元首相は、日銀を「政府の子会社」と称したことがあったが、この表現はいみじくも実に正鵠《せいこく》を射《い》ている。仮に円安がさらに進行しても、高インフレが常態化しても、日銀はそれに対処することはできないだろう。仮にそれができるとすれば、日銀ではなくて「親会社」の日本政府の方だ。その方策とは「財政再建」であり、具体的には「大増税」「徳政令」といった荒っぽい方法によることとなる。

「気休め」程度の安心材料

日銀本来の存在意義に照らせば、国債買いを止め金利を正常化するのが「通貨の番人」たる正しい生き方である。しかし現実は、政府の財政政策に完全に従属し、ひたすらに国債を買い、金利を低位に抑えるという正反対の境遇に甘んじている。まさに、ハムレットが抱えたジレンマと同じというわけだ。

ただ幸いなことに、日銀にとって気慰《きなぐさ》めもある。異次元金融緩和政策で大量に買い付けた「日経平均のＥＴＦ」が含み益となっていることだ。日銀は、二〇二二年度末時点で三七兆円もの株式ＥＴＦを保有している。これは簿価ベースであり二〇二三年前半にかけての株高も影響したため、二〇二三年八月末時点でなんと二四兆円程度の含み益があると試算されている。仮に、二％の金利上昇によって日銀当座預金に付利することで損失が膨らんでもこの含み益がそれを吸収してくれるというわけだ（実際には、日銀は時価会計を採らないが）。

ただこれは、あくまでも〝気休め〟に過ぎない。株価が急落すれば、当然この含み益も泡と消えることになる。そもそも、この含み益はＥＴＦを売却しなければ確定しないわけだが、一度に大量に売れれば相場が大暴落するため、ちょっとずつしか売ることはできない。日銀が置かれているジレンマに対して、大して役に立つものではないのだ。

だが、もう一つの安心材料もある。それは、日本がアメリカと結んでいる「通貨スワップ協定」だ。通貨スワップ協定とは、各国の中央銀行が互いに協定を結び、自国の通貨危機の際に自国通貨の預入や債券の担保などと引き換えに一定のレートで協定相手国の通貨を融通し合うことを定めた協定だ。日銀は、ＦＲＢと「無制限かつ恒久的《こうきゅう》」という破格の条件の協定を結んでいる。

これが何を意味するかと言うと、実質的に無制限でドルの供給を受けることができるという話だ。国際金融システムの中で、基軸通貨のドルと非常に強力に紐付けられている日本円は、相当に高い安定性を持っているとみなされている。ＢＮＰパリバ証券チーフエコノミストの河野龍太郎氏は、同社のレポートでこのことを指摘している。非常に大雑把に言えば、新興国が基軸通貨であるドルを選好するのと同様にドルと深く紐付けられた日本円も選好するため、新興国による日本の買い支えも期待できるということなのだ。これが、莫大な財政出動を行なっても日本が潰れない要因の一つであるという指摘だ。

確かに、国際金融システムでの日本の信認が、ドルとの深いリンクによって裏付けされていることは非常に強力だ。しかし、河野氏はこうも指摘する。簡単に要約すると、「日本の公的債務が留まることなく増えて行けば、日本に対する国際的な評価は低下し、おのずと日本は選好されなくなる。たとえ、強力な通貨スワップによって一時的な円の暴落局面を免れたとしても、信認に傷が付いた国はどんどん敬遠されることになる」と。

もし、日本円がドルと強固な紐付けがされているにも関わらず信認低下する事態となれば、逆に投機家筋の格好のターゲットになる危険も高まるだろう。結局のところ、これも〝目先の危機回避程度のご利益〟と考えるべきものであり、日銀の苦境を解決する根本的な手段とはなり得ないのだ。

日銀にとっての理想の〝出口〟を想像すると

本稿を執筆している二〇二三年一一月時点で、日銀はいよいよ異次元金融緩和の〝出口〟を模索し始めている。目下のところ、ＹＣＣ（イールドカーブ・

コントロール）の上限を徐々に引き上げ、またその引き上げに関する条件もニュアンスをぼかしたりすることで、急激な金利上昇などのパニックが起きないよう、慎重にコトを運んでいる印象だ。二〇二四年春頃をメドにＹＣＣの解除とマイナス金利政策の終了を模索しているとされ、いよいよ日銀の「正しい生き方」に回帰しようとしているようだ。

しかし、この動きは「親」である日本政府にとっては非常に厳しい現実をもたらすだろう。新型コロナ禍の経済対策に少子化対策、物価高対策の給付や補助、毎年恒例の補正予算など、このところのなり振り構わない大盤振る舞いでばら撒きを続けて来た政府にとって、日銀の国債買い終了は「ばら撒き原資の枯渇」の大問題である。二〇二四年以降、「打ち出の小づち」を失った政府は、今までのような野放図な予算編成を組めなくなるかもしれない。

というか、ばら撒きで人気取りをして来た彼らが、いきなり緊縮的な財政など果たして組めるものだろうか。私は正直、おかしな事件でも起きはしないかと心配している。太平洋戦争前、蔵相の高橋是清は金融緩和政策を終了しようとして日本軍将校に暗殺された。戦費調達が金融緩和終了で困難になるため、蔵相を暗殺して無理矢理戦費調達を続けたのだ。この現代にあり得ないとは思うが、ある日、日銀総裁が無理矢理交代させせられその後に日銀に無制限に国債を買わせる、などと言うことが起きないことを切に願う。

さて、金利上昇局面を迎えた今、日銀にとって「なんとか生き残る」シナリオはないものなのか。いろいろと想定してみたが、このようなシナリオならあり得るかもしれない。

それは、今後数十年に亘って日本に大きな事件が起きず、数%から一〇%台前半くらいまでの「緩やかな」インフレが続くこと、そしてさらに、政府債務が膨張せず、ほぼ現在水準を維持できていることが前提だ。また「何らかの理由」によって、「国民の資産が海外流出しない」という条件も必要だ。

こうした環境が整えば、日銀はインフレ率よりも低く、それでいて現在よりも総体的に高い金利水準を安定的に維持することができるだろう。この状態が比較的小さい浮き沈みの範囲内で維持できれば、日銀は本来の「正しい生き方」

に回帰できる。さらにインフレ率と金利水準の差分だけ、徐々に政府債務の実質価値は目減りするだろう。

ただ、日本の少子高齢化の流れは止まらないため国力は徐々に低下し、それに伴って日本の信認も低下、円安が漸進《ぜんしん》することは避けられないだろう。

このシナリオは、はっきり言って「無理筋《むりすじ》」である。そもそも、「公的債務を増加させない」という前提が、まずもって無理だ。すでに日本の政治は「衆愚《しゅうぐ》化」しており、ばら撒きが前提の国家運営に堕《だ》している。補助金、給付金の類を止め、税収を上限とした予算編成をしようとすれば、あらゆる世代のあらゆる人々から不満が噴出し、最悪クーデターが起きるかもしれない。

また、天災が起きないという前提も無理だ。首都直下地震、東南海・南海地震、富士山噴火など、周期的に発生が予想される天災が間近に迫っているとされる中、これらの要因が「起きない」シナリオなど考える意味がない。さらに言えば、台湾有事や朝鮮半島有事などの外的要因もないことにするなど、もう楽天的を通り越して「妄想的」ですらある。

さらに、ハッキリ言おう。このシナリオはあくまでも日銀と政府が無事に生き残るシナリオであり、彼らの「ご都合」に合わせた以外の何物でもない。このシナリオでは金利がインフレ率より相当に抑えられている状況が長く続くが、これでは政府債務の実質価値は減殺する代わりに国民資産の減価も避けられず、国民はどんどん貧乏になって行くのである。いわゆる「金融抑圧」という状態だ。

一九六〇年代から七〇年代にかけて、イギリスを襲った経済停滞と労働意欲低下、いわゆる「英国病」ではこの「金融抑圧」の状態が続いていた。国民はどんどん貧しくなった一方で、このおかげでイギリスが抱えた第二次世界大戦時の莫大な債務が大幅に減殺したのだ。早い話、わからないように時間をかけて行なう「徳政令」のようなものなのである。

カーテンコールに札束を

ということで、いかように考えてみても誰もが納得の行く答えは見付からない。そうはいっても、日銀の政策運営は〝待ったなし〟だ。目先の現実を基に、淡々とやることをやるほかに道はないわけで、植田日銀総裁としては本来の日銀の姿に戻すべく、「やるべきをやるだけ」という覚悟なのかもしれない。

つまり、「ジレンマの果ての覚悟」とは、そういうものなのだろう。ハムレットでも、主人公はジレンマの苦悩の末に瀕死《ひんし》の経験をし、そして悟りを開いた。気高い理想の生き方を目指すのではなく、死ぬまでにできることをやる、でもあとのことは神に任せよう、という考えに至ったのだ。

シェイクスピアの名言に「天は自ら行動しない者に救いの手をさしのべない」というものがあるが、「とにかくできることを尽くして、あとは天命を待つ」という境地に至ったのだ。植田氏に今の心情を聞いたわけではないが、おそらく彼もその境地に至って総裁を引き受けたのかもしれない。

ただ、そうした悟りの境地に至り、為《な》すべきを為したからといって望ましい結末がもたらされるかは別の話だ。先日、ある財務次官級の元官僚から驚くべき話を聞いた。財政・金融に関係するある非公開の会合で、黒田前日銀総裁がこんなことを言い放ったというのだ――「日銀が、出口を出たら大変なことになる」。一〇年にも亘ってとんでもない金融緩和を主導した当の本人が、こんなことをさらりと言ってのけたのである。その場にいたその官僚ＯＢは、つい「お前が言うな！」と心の中で叫んだという。

ただその一方で、財政・金融の政策実務を知り尽くす人たちにとっては、悔しいが彼の発言は反論の余地がないほど正しい。そして、辞めた今になってこんなことを言うということは、黒田氏もこの金融緩和が出口のない無謀な政策であることを、「わかっていてやっていた」ということなのかもしれない。

黒田前総裁と言えば、「異次元緩和」「バズーカ」「二年で二％」など、金融政策をわかりやすくキャッチーな言葉を用いて説明し、表情豊かに会見に臨むなど実にコミュニケーションに長けた印象がある。その彼が残した莫大なツケは、よく言えば学者肌で実直、悪く言えば面白味に欠ける植田氏の苦悩の種となっている。さながら黒田氏は、印象的な言葉を巧みに操《あやつ》りハムレットに苦悩を課す台本を書き上げたシェイクスピアのようだ、と言えば言い過ぎか。

さて、話を戻そう。果たして植田「ハムレット」が下した決断は、いかなる結末をもたらすのだろうか。最悪の悲劇なのか、はたまた多少はマシな未来なのか。ちなみに戯曲のハムレットでは、主人公は最後に王への復讐を果たすものの、毒剣で傷を受け死を迎えた。さらに母や宰相、その息女たちと言った主要な登場人物は、すべて死んで幕を閉じる。まさしく、「悲劇」の名にふさわしい終わりである。

率直なところ、置かれた状況を客観的に俯瞰《ふかん》すれば、日銀もハムレット同様の悲惨な結末を迎える可能性が極めて高い。そして悲劇がもたらすのは、「通貨が紙キレになる」という現象だ。日銀のジレンマがもたらす悲劇は、私たちの財産を紙キレにし、日常生活を破壊するだろう。悲劇の幕が下りた時、怒り心頭の日本国民たちは、〝紙キレになった日本銀行券〟を彼らに投げ付けることになるのかもしれない。

第三章　円安は一〇〇〇円で止まらない⁉
――チャートが示す恐るべき未来（川上明）

魔坂、魔坂（まさか、まさか）

「一ドル＝一〇〇〇円になる!!」――この言葉を聞いて、ほとんどの人が「まさか」と思うことだろう。

「人生には、三つの坂道があります。上り坂、下り坂、そうしてもう一つが『まさか!!』です」――これは、結婚式で使われる定番スピーチだ。この「まさか!!」という坂道をどう乗り越えて行くかが大切で、二人の人生を左右する、というような流れになるようだが、この「まさか!!」という坂道は実はさらに二つにわかれる。

一つは「真坂」で、もう一つは「魔坂」である。「真坂」の方は上り坂でつらいこともあるかもしれないが、人生にとってプラスになる坂である。一方、「魔坂」の方は下り坂で、奈落の底まで転げ落ちる坂である。人生にとってマイナスになる坂だ。このどちらの坂を選ぶかは、あなた次第である。

真坂と魔坂

相場は、「魔坂、魔坂の世界」と言われる。これまでに多くの投資家が、予想もしなかったことに遭遇し財産を失っているからだ。読者の方は、たとえ「まさか‼」ということが起きても、「真坂」になるよう準備することが肝要である。相場の歴史の中で語られてきた教訓や戒《いまし》めとなる言葉を、簡潔に現したものを「相場格言」という。「もうはまだなり、まだはもうなり」という、有名な相場格言がある。市場参加者の多くが「もうそろそろ底だろう」と思った時はまだ下値があるかもしれない。反対に、「まだ下がりそうだ」と思っている時にはもう底なのかもしれない、という考えである。

この相場格言にならえば、「もうこれ以上円安がないだろう」と思っても、「まださらなる円安があるかもしれない」ということを肝に銘じておくべきだ。

元来、人間の（正常人の？）思考回路では、相場には勝てない。歴史を見れば、それは明らかだ。あらゆる可能性を排除せず、固定概念を捨てるべきなのである。私の思考回路も多くの人と同じ（自分ではそう思っている）なので、固定概念を捨て意思決定をサポートするツールを活用している。このツールの一つが、「チャート」である。このツールについては、後ほど説明する。

日本人は、過去にすさまじい円安を経験している

一〇九ページの「戦後のドル／円のトレンド大局」の図を見ていただきたい。戦後から見て行くと、日本円はドルに対して大局的には円安局面↓固定相場↓円高局面↓円安局面というトレンドになっている。

大局的に相場を見ることは、極めて重要である。戦後直後、一気に円安が進んだ。一ドル＝一五円から三六〇円までのすさまじい円安である。私たち日本人は、すでに約七五年前にすさまじい円安を経験しているのである。一九四九年には一ドル＝三六〇円になり、そこから一九七一年まで固定相場制になった。その後、ドル紙幣と金《きん》の兌換を一時停止するという「ニクソンショック」が起き、一九七一年一二月にワシントンのスミソニアン博物館で開かれた一〇ヵ国蔵相会議で一ドル＝三〇八円に切り上げられた。その後、一九七三年から完全

に変動相場制に移行し、二〇一一年に一ドル＝七五円というすさまじい円高を経験した。以降、現在に至るまで「円安トレンド」となっている。円安・円高局面の詳細は、二〇二二年に第二海援隊から発刊している単行本『1ドル＝200円時代がやってくる‼』第二章をお読みいただきたい。

このように、歴史上の「前回の円安局面」では、一ドル＝一五円から三六〇円に円安が進んでいる。数字的には、なんと二四倍になったのである。今回も同じ倍率になると仮定すると、一ドル＝一八〇〇円になる計算だ。「まさか、まさか」という金額である。もちろん、前回と同じ倍率となる保証はまったくなく、一八〇〇という数字にも理論的・統計的な根拠もまったくない。逆に、一ドル＝一八〇〇円以上の円安も考えられるのだ。

「新円切替」で没収された国民の財産

一〇九ページの図は太平洋戦争直後の一九四五年九月からのチャートになっ

戦後のドル／円トレンド大局

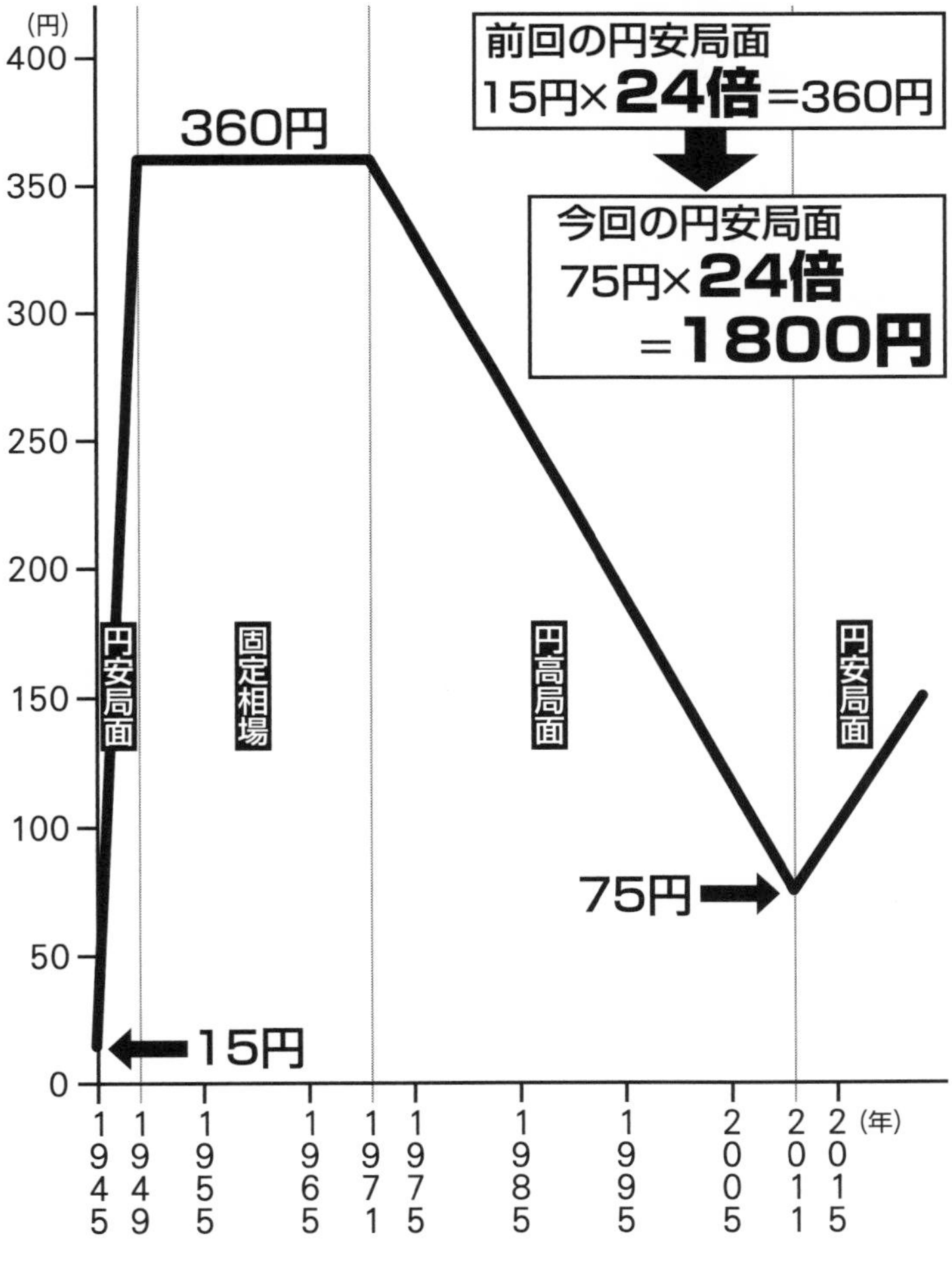
(円)
400
350
300
250
200
150
100
50
0
360円
前回の円安局面
15円×24倍＝360円
今回の円安局面
75円×24倍
＝1800円
円安局面
固定相場
円高局面
円安局面
75円
15円
1945
1949
1955
1965
1971
1975
1985
1995
2005
2011
2015
(年)

ているが、翌年の四六年（昭和二一年）に「新円切替」が行なわれている。新円切替とは、幣原《しではら》内閣が発表した、戦後高まったインフレーション対策として行なわれた「金融緊急処置令」をはじめとする「新紙幣（新円）の発行」と、それに伴う従来の紙幣流通の停止など、通貨切替政策に対する総称である。

一九四六年（昭和二一年）二月一六日の夕方、渋沢蔵相からラジオを通して突然、国民に知らされた。五円以上の日本銀行券（つまり従来の円の紙幣）を強制的に金融機関に預けさせ、預金を封鎖した。引き出し可能な額は、一人当たり一ヵ月一〇〇円、世帯主は三〇〇円とした。翌一七日に、新円対旧円を一対一の割合として新円の発行を行なった。その約八ヵ月後の一一月に、「財産税法公布」により国民からお金を取り上げたのである。財産が一〇万円超一一万円以下の国民は二五％、そして段階的に税率を上げ、一五〇〇万円超の財産を持つ国民には九〇％というすさまじい税率をかけたのである。

現在、多くの日本人は「円安の備え」をしていない

このような前回の〝すさまじい〟円安局面を経験した人は、徐々に少なくなっている。いまや、日本人の七割以上の人がその当時を経験していない世代である。むしろ、円高局面を経験している人が多く、そのような人は生まれた時から円高局面なので行動経済学における「初頭効果」（最初に提示された情報に強く影響される心理的傾向）や「確証バイアス」（自分の思い込みや願望を強化する情報ばかりに目が行き、そうでない情報は軽視してしまう傾向のこと）によって円安になっても「そのうちまた、円高になるだろう」と考える傾向さえあるのだ。

したがって、円安に対する資産防衛を怠っている傾向が強くある。皆さんの周りでは、どうだろうか？「円安だからドルを持とう」、あるいは「ドル預金をしよう」などと為替の動向を見て対策を採っている知人をご存じだろうか。日本円という、ほぼ自国でしか通用しない通貨だけで資産を持ち続けることが

どれほど危ういことであるか、一人でも多くの人に一刻も早く気付いてほしいものだ。

「チャート」から見たドル／円の現況

「チャート」とは、価格の動きをグラフ化し見やすくしたものである。「罫線《けいせん》」とも呼ばれ、チャートを使った分析は「テクニカル分析」とも言われる。チャートの種類は何千何百とあるが、私の場合〝秘伝中の秘伝〟とも言われる「カギ足」というチャートを使う。そして「カギ足チャート」から現在、「買い方優勢」か「売り方優勢」かを淡々と判断し、かつ「周期（波動）性」から将来を予想して行く。さらに〝メド〟によってどの程度まで価格が動くかを判断して行く。「カギ足」「周期（波動）性」については、二〇二一年に発刊した『2030年までに日経平均10万円、そして大インフレ襲来!!』（第二海援隊刊）第三章と二〇二一年に発刊した『2025年の大恐慌』（第二海援隊刊）第三章をお読みいただきたい。

チャートから見たドル／円相場の現況は、結論から言うと長期的には円安が続き、数年以内に一ドル＝三〇〇円以上になる確率が高い。一ドル＝三六〇円以上の円安が進むとメドがなくなり、一ドル＝一〇〇〇円も視野に入ってくる。そうなった時の日本の状況は、〝恐るべき未来〟となっていると言える。

この後、相場の周期（波動）性とメドからそうなるという根拠を説明したいと思うが、結論だけでよい方は読み飛ばしてもらっても差し支えない。一刻も早く、資産防衛の対策を考える方がよいだろう。より深く理解されたい方は、周期（波動）性について最低限のことは理解していた方がよいので、簡単に説明しておきたい。

相場には「周期（波動）性」がある

株価は、一方的に上がり続けたり下がり続けたりしない。必ず、上がったり下がったりする。結果的に、波のようにある周期をもって動くと考えられる。短い周期、長い周期が重なり合って相場を形成して行くことになる。大きな一つの波の中に中くらいの波がいくつかあり、中くらいの波の中に小さな波がいくつか入る、と言ったような形になっているのだ。

相場の周期については、これまで数々の研究がなされており、中でも「エリオット波動」理論が有名である。アメリカの会計士であったラルフ・ネルソン・エリオットは、一九三八年に「波動理論」を刊行し、「市場はランダムに動いているように見えるが、実際にはフィボナッチ数列に基づく反復パターンに従う」と書いている。「フィボナッチ数列」とは、「直前の二項の和」になっている数列をいう。すなわち、一、一、二、三、五、八、一三、二一、三四、五五、八九……という数列のことだ。花びらの枚数など、自然界に数多く存在している数字として知られている。

ただし、実は〝波〟の数え方は、主観的な判断によって行なわれることが多い。つまり、人によって数え方が変わるのである。そういうものだと理解した上で使えば、相場の流れを見る上では大変参考になり得る。私は特に、「超長期周期」と「短期周期」に注目している。一一七ページに波の周期の長さを定義しておくので、参考にしていただきたい。

「カギ足」から見たドル／円

カギ足では、現在、買い転換中（円安方向）である。カギ足は、買い方優勢か売り方優勢かを淡々と判断するだけである。したがって、現在（二〇二四年一月時点）では円安に行きやすい状況ということである。

カギ足について簡単に説明すると、カギ足とは日本古来より伝えられている、秘伝中の秘伝と言われているチャート（罫線）のことである。基準となる値から決められた値幅を動いたら線を引き足して行き、時間軸はない。チャートの形がフック型の鉤《カギ》の形に見えるので「カギ」足と呼ばれる。カギ足と一言で言っても、線の引き方・読み方は人それぞれであり、世の中に同じものは二つ

相場の周期：基本は「3段上げ2段下げ」

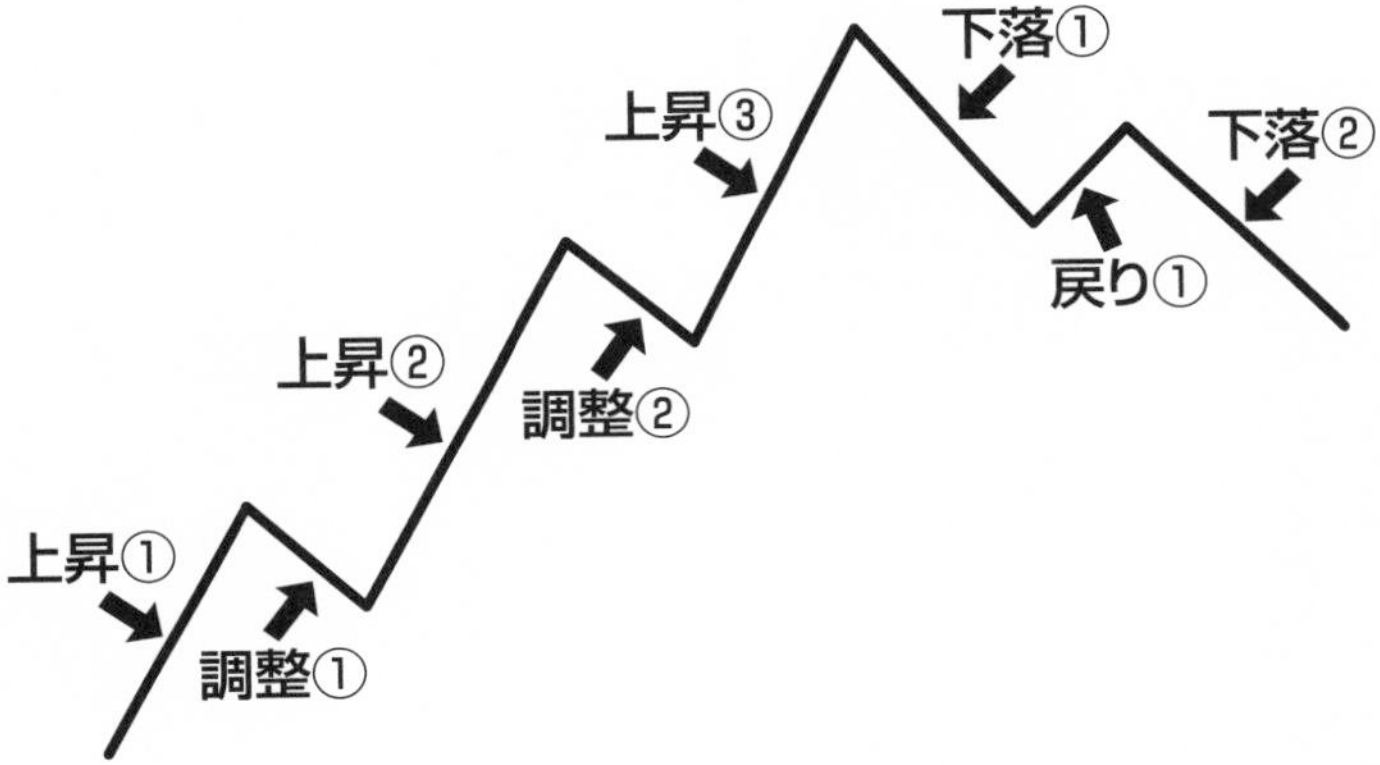

上昇：相場が上昇トレンドの中にある時の上昇波動
調整：相場が上昇トレンドの中にある時の下落波動
下落：相場が下降トレンドの中にある時の下落波動
戻り：相場が下降トレンドの中にある時の上昇波動

上昇➡調整または上昇➡下落で1周期

4段上げ以上の時もあれば、1段、2段上げで終了の時もある。

波の周期の長さの定義

周期	長さ
超長期周期	約60年
長期周期	数年～十数年
中期周期	数年
短期周期	数ヵ月～数年

となない。その人、一人ひとりのオリジナルのものである。

「超長期周期」から見たドル／円

超長期周期は、現在上昇中だ。つまり、円安方向というわけだ（ここで上昇とは一ドル当たりの円の価格が高くなることを意味し、円の価値が下がることを意味する）。超長期周期は、一周期の長さが約六〇年である。第一章に戻って二六～二七ページの「ドル／円　変動相場制以降のチャート」を見ていただきたい。一九九五年四月の七九・七五円を一番底、二〇一一年一〇月の七五・三二円を二番底として、円安トレンドに入っている。三番底を形成する可能性もあったが、二〇二二年に一五〇円以上を突破したので、その確率はかなり低下した。

一九七一年八月の一ドル＝三六〇円から二〇一一年一〇月の七五円台まで、四〇年間円高が続いたことになるので、二〇一一年から二〇年～三〇年間は円安となる確率が高い。

私が注目するカギ足・超長期・短期周期から見た「ドル/円」

（2024年1月時点）

「短期周期」から見たドル／円

ドル／円が二〇一一年一〇月三一日に記録した、一ドル＝七五・五五円からの短期周期は、以下のようになる。

最初の短期周期は、二段上げ二段下げで完了。これが中期周期の一周期目（中期上昇①調整①）となる。つまり二〇一一年一〇月三一日に七五・五五円でスタートした中期周期一周期目は、二〇一六年六月二四日の九九・〇〇円で完了したことになり、約四年と八ヵ月となった。この間の高値は二〇一五年六月五日の一二五・八四円であり、二〇一一年一〇月三一日の七五・五五円の起点から五〇・二九円の上昇となった。

次の短期周期は、三段上げ一段下げで完了。これが中期周期の二周期目（中期上昇②調整②または下落①）となる。つまり二〇一六年六月二四日に九九・〇〇円でスタートした中期周期二周期目は、二〇二三年一月一六日の一二七・

ドル／円　短期周期と価格

中期周期起点　1周期目	2011年10月31日		75.55円
上昇1	↓	期間:19ヵ月	値幅: 28.18円
	2013年5月22日		103.73円
調整1	↓	期間:1ヵ月	値幅:　9.96円
	2013年6月13日		93.77円
上昇2	↓	期間:24ヵ月	値幅: 32.07円
	2015年6月5日		125.84円
下落1	↓	期間:2ヵ月	値幅:　9.75円
	2015年8月24日		116.09円
戻り1	↓	期間:3ヵ月	値幅:　7.67円
	2015年11月18日		123.76円
下落2	↓	期間:7ヵ月	値幅: 24.76円
中期周期起点　2周期目	2016年6月24日		99.00円
上昇1	↓	期間:6ヵ月	値幅: 19.66円
	2016年12月15日		118.66円
調整1	↓	期間:39ヵ月	値幅: 17.41円
	2020年3月9日		101.25円
上昇2	↓	期間:28ヵ月	値幅: 38.13円
	2022年7月14日		139.38円
調整2	↓	期間:1ヵ月	値幅:　8.99円
	2022年8月2日		130.39円
上昇3	↓	期間:3ヵ月	値幅: 21.54円
	2022年10月21日		151.93円
下落1	↓	期間:3ヵ月	値幅: 24.72円
中期周期起点　3周期目	2023年1月16日		127.21円
上昇1	↓	期間:2ヵ月	値幅: 10.70円
	2023年3月8日		137.91円
調整1	↓	期間:1ヵ月	値幅:　8.27円
	2023年3月24日		129.64円
上昇2	↓	期間:3ヵ月	値幅: 15.42円
	2023年6月30日		145.06円
調整2	↓	期間:1ヵ月	値幅:　7.80円
	2023年7月14日		137.26円
上昇3	↓		
	2024年1月現在		

チャート上の周期

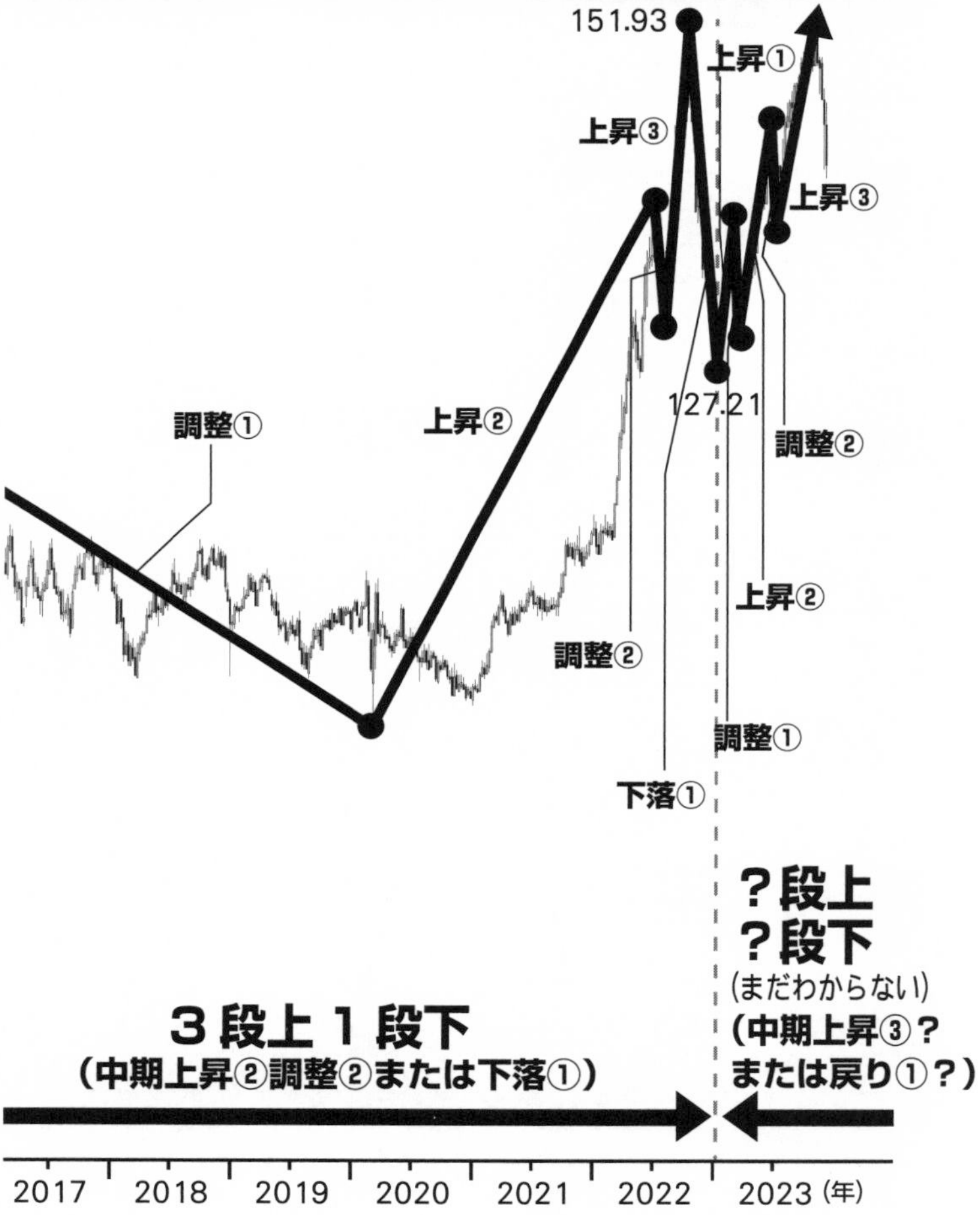
151.93
上昇①
上昇③
上昇③
127.21
調整①
上昇②
調整②
上昇②
調整②
調整①
下落①
？段上
？段下
（まだわからない）
（中期上昇③？
または戻り①？）
３段上１段下
（中期上昇②調整②または下落①）
2017
2018
2019
2020
2021
2022
2023（年）

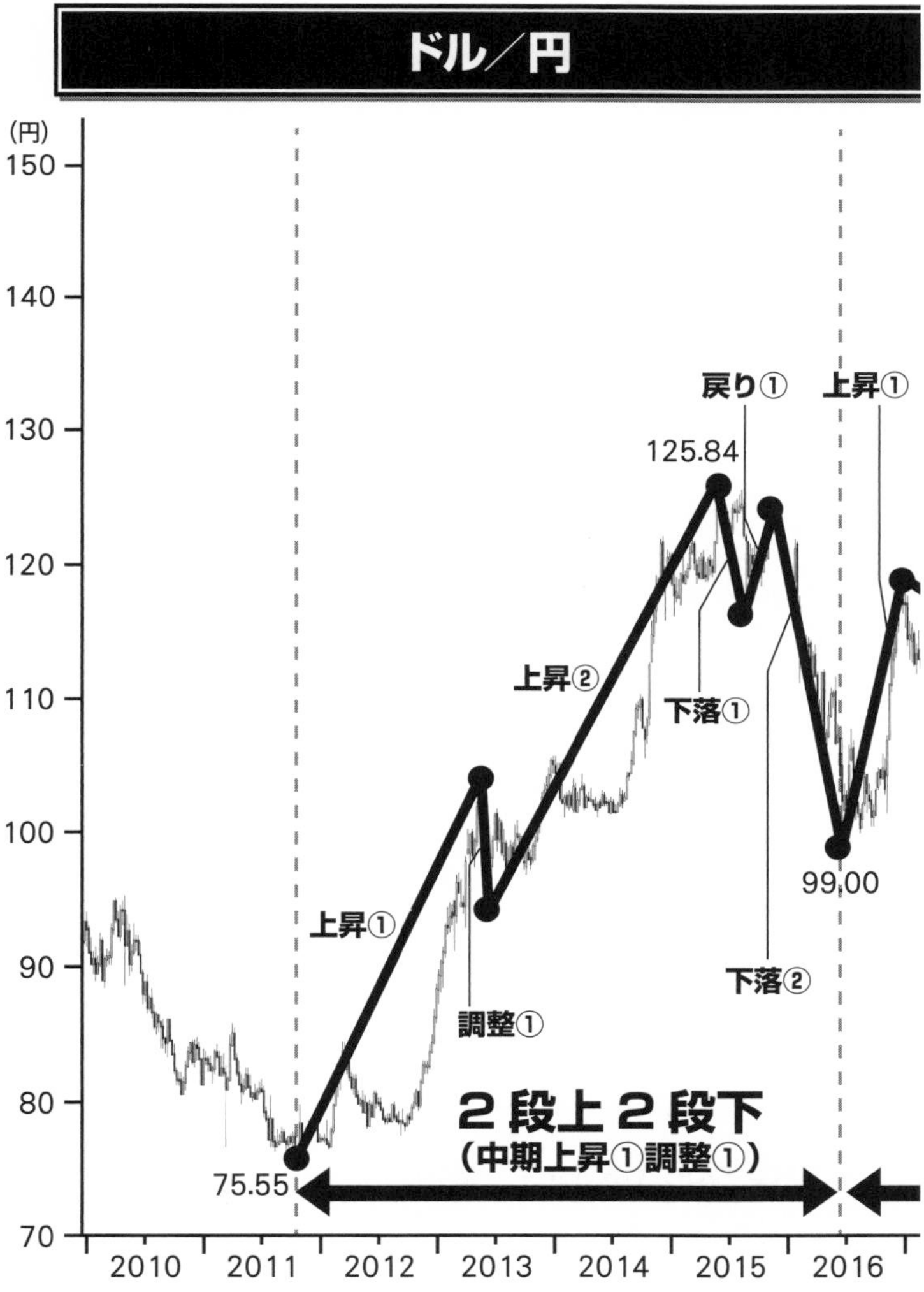

ドル／円
(円)
150
140
130
120
110
100
90
80
70
2010
2011
2012
2013
2014
2015
2016
75.55
上昇①
調整①
上昇②
125.84
戻り①
下落①
下落②
99.00
上昇①
2段上2段下
(中期上昇①調整①)

二一円で完了したことになり、約六年と七ヵ月となった。この間の高値は二〇二二年一〇月二一日の一五一・九三円であり、二〇一六年六月二四日の九九・〇〇円の起点から五二・九三円の上昇となった。

次の短期周期は、現在上昇③にあり形成中だが、これが中期周期の三周期目（中期上昇③または戻り①）となる。つまり二〇二三年一月一六日に一二七・二一円でスタートした中期周期三周期目は、まだ未完了の状態ということだ。

三六〇円より円安になるとメドがなくなるわけ

〝メド（目処）〟あるいは〝当たりを付ける〟とは、「目指すところ。物事の見通し。おおよその内容を予測する」という意味だが、相場を見る上で結構役に立つ。いい加減なイメージもあるが、メドがあると投資行動のスムーズな判断の手助けになることが往々にしてあるのだ。特に、買ったものを売りに出す時は、「売ったあと、上がったらどうしよう」という欲のために心理的にも大きなストレスがかかり、あげくの果てに売り損なうと言うことにもなりかねない。そんな時は価格のメドを決め、そこで売りを出すというルールに従うことによって、そのストレスをかなり弱めることができる。

メドの付け方は、「確率・統計」により信頼できる方法があればそれに越したことはないが、必ずしもそうである必要はない。自分なりに納得できるものであれば、何でもよいのだ。多くの人が意識すると思われる数字が、より有効であると考えられる。

ただし、絶対に忘れてはいけないのは、メドだけで相場に挑むのは自殺行為であるということだ。核となる（より信頼できる）売買判断ツールがあって、その判断の下で副次的に利用しなければならない。

詳細は、二〇二二年に発刊した『１ドル＝２００円時代がやってくる‼』（第二海援隊刊）第二章をぜひ読んでいただきたいが、ここでは、簡単に説明をしておきたい。先ほども言ったように、多くの人が意識すると思われる数字がメドの候補となる。その例として考えられるものを、一二七ページに挙げておく。

もう一度二六～二七ページの「ドル／円　変動相場制以降のチャート」を見ていただきたい。二〇二二年一〇月の一五一・九四円が前回の高値（極大値）で意識されるが、それよりも一九九〇年四月の一六〇・三五円が強く意識されることだろう。もしそこを突破すれば、「〇〇年振りの円安!!」という大きな見出しが、経済紙のみならず一般紙の一面を飾ることだろう。

したがって、現在より円安が進めば一六〇・三五円が強く意識されることとなる。ドルを持っている投資家の多くは、その近辺で一旦「利益確定」をしようとするだろう。さらに、ここまで上がれば（円安になれば）、これから下がる（円高になる）と予想する投資家も増え、新規のドル売りを出すので、頭は重くなる（ドル売りが増える）。そうなると、結局一六〇・三五円を抜けることなく下落（円高）することとなる。

一二九ページの数値は、極大値の年月と価格である。二〇〇七年六月の一二四・一四円まで、順下げになっている。この間は、超長期周期で円高のトレンドの中にあったこともあり、前回高値を抜けきれず推移したことが見て取れる。

メドとなる数字

① 前回高値（極大値）

② 前回安値（極小値）

③ 大台

④ 真空地帯

⑤ 半値、三分の一、三分の二

⑥ 黄金比

⑦ 移動平均線

など

逆に、一六〇・三五円を上抜け（さらに円安）てしまったらどうだろうか。ドルを持っている投資家は欲が出るので、「次のメドは二〇〇円の大台の乗せだ‼」「次のメドは一九七八年一〇月の安値（極小値）一七五・五〇円だ‼」「次のメドは一九八五年二月プラザ合意前の高値（極大値）二六三・六五だ‼」などと考え、そのメドまで売りを出さなくなる。さらに、新規の売りを出した投資家は、含み損が多くなって行くので恐怖により損失覚悟の「買戻し」を始める。よって、買い方優勢（円安方向）の状況が続くことになるのだ。

同様に、一ドル＝三六〇円は史上最高値なので非常に強く意識される。したがって、一気に三六〇円を上抜けする確率は低いが、もしそうなれば上値のメドがなくなる。「次のメドは、大台乗せの一〇〇〇円だ‼」と考える投資家も増えることだろう。すると、急激な円安に見舞われることになる。

ここで強く意識しておかないといけないのは、超長期周期は上昇（円安）方向だということだ。少なくとも、あと一〇年は円安である。一気に一ドル＝三六〇円を上抜けしなくても、いずれ突破すると考えておいた方が自然である。

極大値（円安）の年月と価格

1990年以降～2007年まで

1990年4月
1ドル＝ 160.35円

1998年8月
1ドル＝ 147.64円

2002年1月
1ドル＝ 135.20円

2007年6月
1ドル＝ 124.14円

その時は、一〇〇〇兆円を超える日本国民の〝円〟の現預金が、一気に〝ドル〟の資産へ動き出すことだろう。そうなれば、パニック状態だ。もしかしたら、外貨規制などでドルに交換できなくなっている可能性もある。

「備えあれば憂いなし」「転ばぬ先の杖」「念には念を入れよ」「浅い川も深く渡れ」等々、いざという時に備えあらかじめ準備をしておけばことが起こっても心配ないという「格言」は、山ほどある。常に最悪の状態を予想し、それに備えた行動を起こすことが肝要である。

余談だが、私は成功者の多くは悲観主義的な思考を持っている人々だと思っている。悲観主義とは「この世界は悪と悲惨に満ちたものだ」というように考える人々でマイナスのイメージだが、成功者はそこに留まらず常に最悪の状態を予想しながらもそれに対処する準備をしているから、結果として成功するのだと思う。ここで注意しなければいけないのは、最悪なのは悲観主義で何も行動しない人々だということだ。対する楽観主義は、悪いことではないが「まあいいや」「なんとかなる」で終わってしまっていて成長はしない。

前回高値（極大値）のメド

上にはメドはない

1971年　1ドル＝**360円**

1975年12月　1ドル＝**306.90円**

1982年10月　1ドル＝**278.50円**

1985年2月　1ドル＝**263.65円**

1990年4月　1ドル＝**160.35円**

さらに、〝ポジティブ〟であることが重要である。ポジティブとは心理的な用語で、肯定的、前向き、積極的な意味合いを持つ言葉である。「ポジティブな感情は、将来的に幸せになる上昇スパイラルの引き金となる」――これは理想論ではなく実際の研究論文で、ノースカロライナ大学の心理学者バーバラ・フレドリクソンが発表し、現在までに二万件以上の引用がされている言葉である。

つまり、ポジティブな感情は仕事の効率も質も上げ、心身のストレスを軽減させることができるのだ。「感情」には、喜怒哀楽のような「はっきりとした感情」（ディスクリートエモーション）と、「淡い感情」（アフェクト）がある。ディスクリートエモーションだと喜ぶために大成功しなければならないが、アフェクトであれば簡単に生み出すことができる。好きなキャラクターをデスクに飾る、会議のあとコーヒーを飲んでホッとする、ちょっと意識すればいくらでもあるが、これを「ポジティブ・アフェクト」と言い、「実際に経済を動かしている感情の正体」として研究している学者もいるほどだ。話が横道に逸《そ》れたので、この先は行動経済学・心理学の専門書に譲るとして本題に戻ろう。

相場の世界も同じである。私は、常に最悪の状態を想定して準備をしている。仮に、相場が自分の思惑と違う方向に行ったとしても、破産しないようにポジション（買う金額）を決めている。また、決められた損失が出たら「ロスカット」する準備を常にしている。「悲観主義的な思考をもってポジティブに生きる」を私の心がけ、信条としているのだ。

円の実力は、すでに固定相場制の時代と同じ

円の実力は、「実質実効為替レート」に表れる。一三五ページの「円の実質実効為替レート」のチャートを見ていただきたい。この数字は、日銀のホームページから取ることができる。このチャートは、数値が高いほど円の実力が高いことを意味する。一九七〇年代の最低は、一九七〇年八月の七三・四五である。その後、一九九五年四月の一九三・九七という高値を付けた。そこから右肩下がりになり、二〇二二年一〇月には七三・七〇まで下がっている。実に、

六割以上下がっているのである。

現在の円の実力は、一九七〇年代と同じレベルということになる。この時のドル／円レートは、固定相場時代で一ドル＝三六〇円である。

ここで、「実質実効為替レート」について説明しておこう。最初に、「実効為替レート」について理解する必要がある。皆さんがよく耳にするのが、一米ドル（ここでは、アメリカのドルを強調するためあえてドルの前に「米」を付けている）一〇〇円や一五〇円といった為替レートのニュースだろう。元の為替レートが一米ドル＝一〇〇円だった場合に、一米ドル＝八〇円になれば円高、一米ドル＝一二〇円になれば円安になったという言い方をする。これが、現時点での交換レートである「名目為替レート」である。

「名目為替レート」は、比較する二国間の通貨の交換比率を表す。米ドルと日本円の通貨を比較した場合、米ドルの需要が高まれば「名目為替レート」は円安米ドル高になり、日本円の需要が高まれば円高米ドル安になる。

しかし、「名目為替レート」はあくまでも日本円と米ドルの二国間で比較して

円の実質実効為替レート

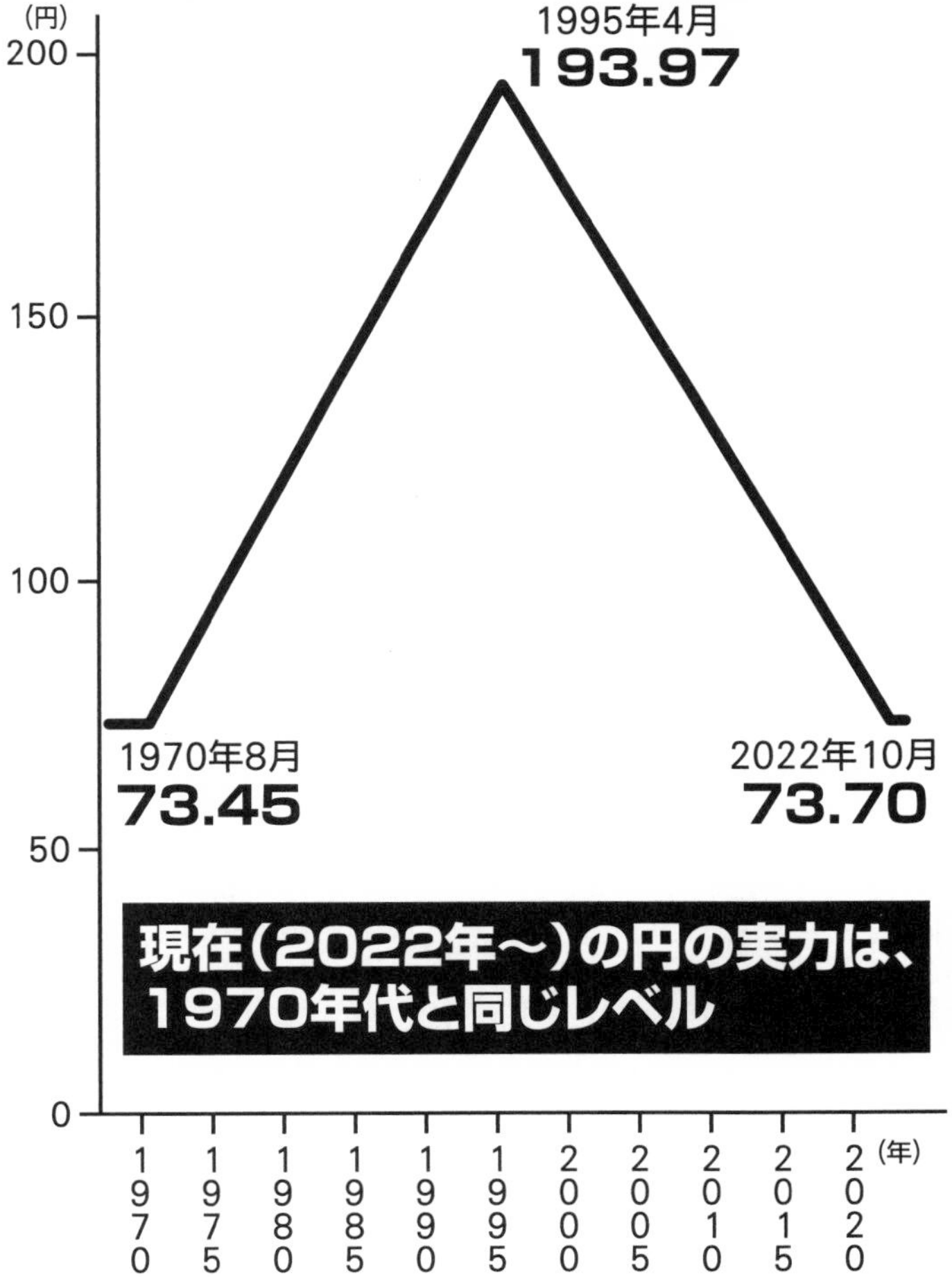
(円)
200
150
100
50
0
1995年4月
193.97
1970年8月
73.45
2022年10月
73.70
現在(2022年〜)の円の実力は、
1970年代と同じレベル
1970
1975
1980
1985
1990
1995
2000
2005
2010
2015
2020
(年)

いるに過ぎない。当然のことながら、世界はアメリカと日本の二国だけではなく、したがって日本とアメリカの二国間の「名目為替レート」を見ているだけでは相対的な円の実力を把握することはできない。そこで、ある通貨の相対的な実力を見る時には、「実効為替レート」という指標を使う。

日本の「実効為替レート」を計算する場合、具体的には日本とその他の全通貨との二通貨間為替レートと貿易取引量などでウエイト付けをして算出する。これによって、日本円の対外的な競争力を確認することが可能になるのだ。

より正確に通貨の相対的な競争力を見るには、相手国の物価上昇率も考慮する必要がある。したがって、「実効為替レート」に物価上昇率を加味したものを「実質実効為替レート」という。

仮に、「名目為替レート」が一米ドル＝一〇〇円から一米ドル＝一二〇円や八〇円になっていたとしても、一概にそれだけでは円安、円高と単純に判断できないことがある。それを、具体的な例を使って説明してみよう。

アメリカに旅行に行ってお土産を買う場合、皆さんが日本で生活しているの

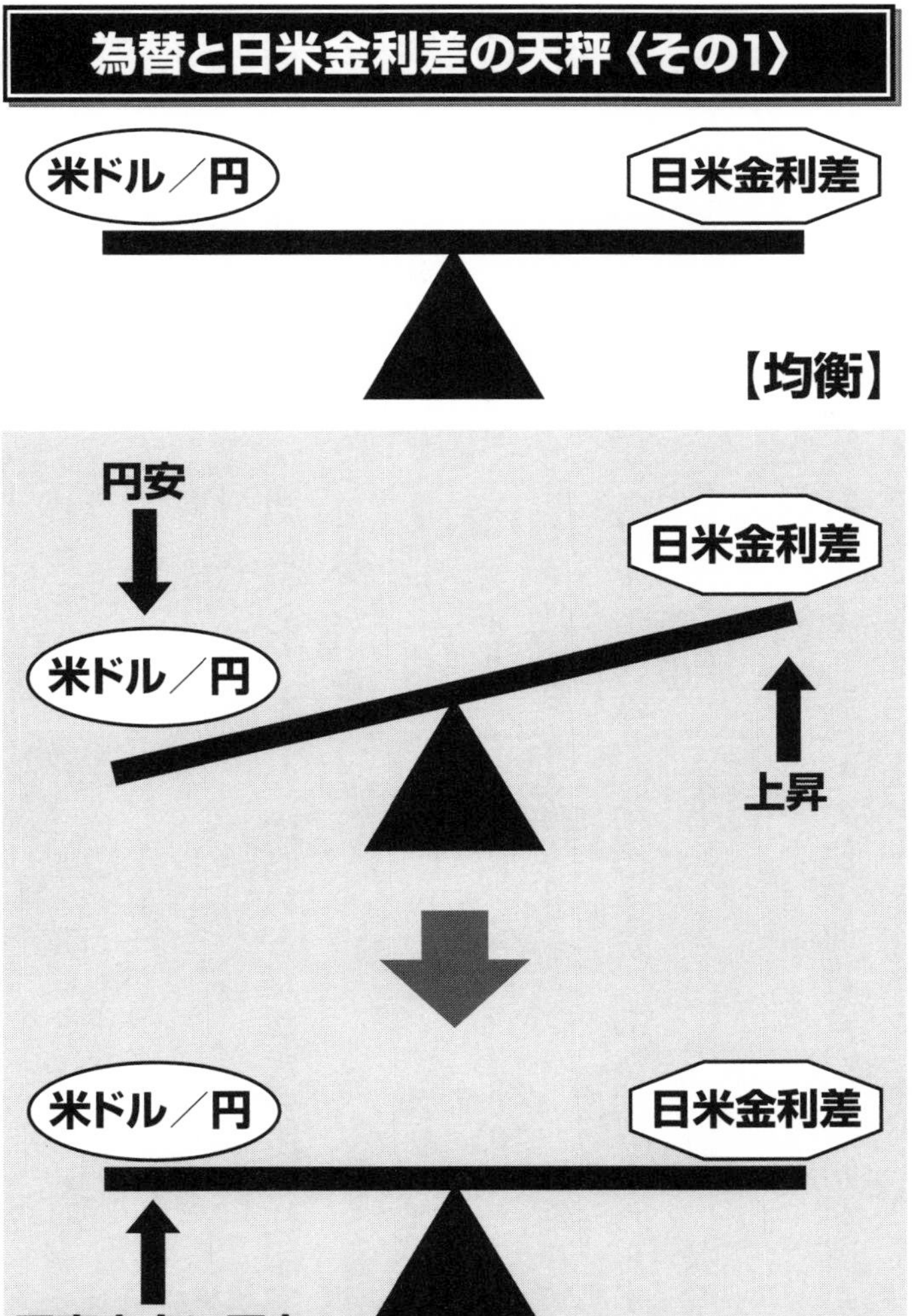
為替と日米金利差の天秤〈その1〉
米ドル／円
日米金利差
【均衡】
円安
日米金利差
米ドル／円
上昇
米ドル／円
日米金利差
円高方向に圧力

であれば、円を米ドルに交換しなければならない。一米ドルのお土産を買う場合、「名目為替レート」が一米ドル＝一〇〇円の時に購入すれば、実質一〇〇円でお土産を購入することができる。「名目為替レート」が一米ドル＝八〇円の時であれば、同じものが八〇円で購入できる。このように、日本からアメリカに行き買い物をする場合、「名目為替レート」が円高の方が私たち円を使用する日本人にとっては有利であることがわかる。

ところが、「名目為替レート」が一米ドル＝八〇円の時、アメリカ国内で物価上昇（インフレ）が発生し、一米ドルだったお土産が二米ドルになってしまった。するとどうだろう。お土産を買うのに一六〇円（二×八〇）必要になってしまった。つまり、「名目為替レート」は八〇円のままであるにも関わらず、アメリカ国内で物価上昇が発生したため、一米ドル＝一六〇円に円安になった時と同水準の負担をすることになってしまうのだ。

このように「実質実効為替レート」は、その他の通貨との相対的な実力を反映していることや物価上昇率も加味して算出される指標であることから、「名目

為替と日米金利差の天秤〈その2〉

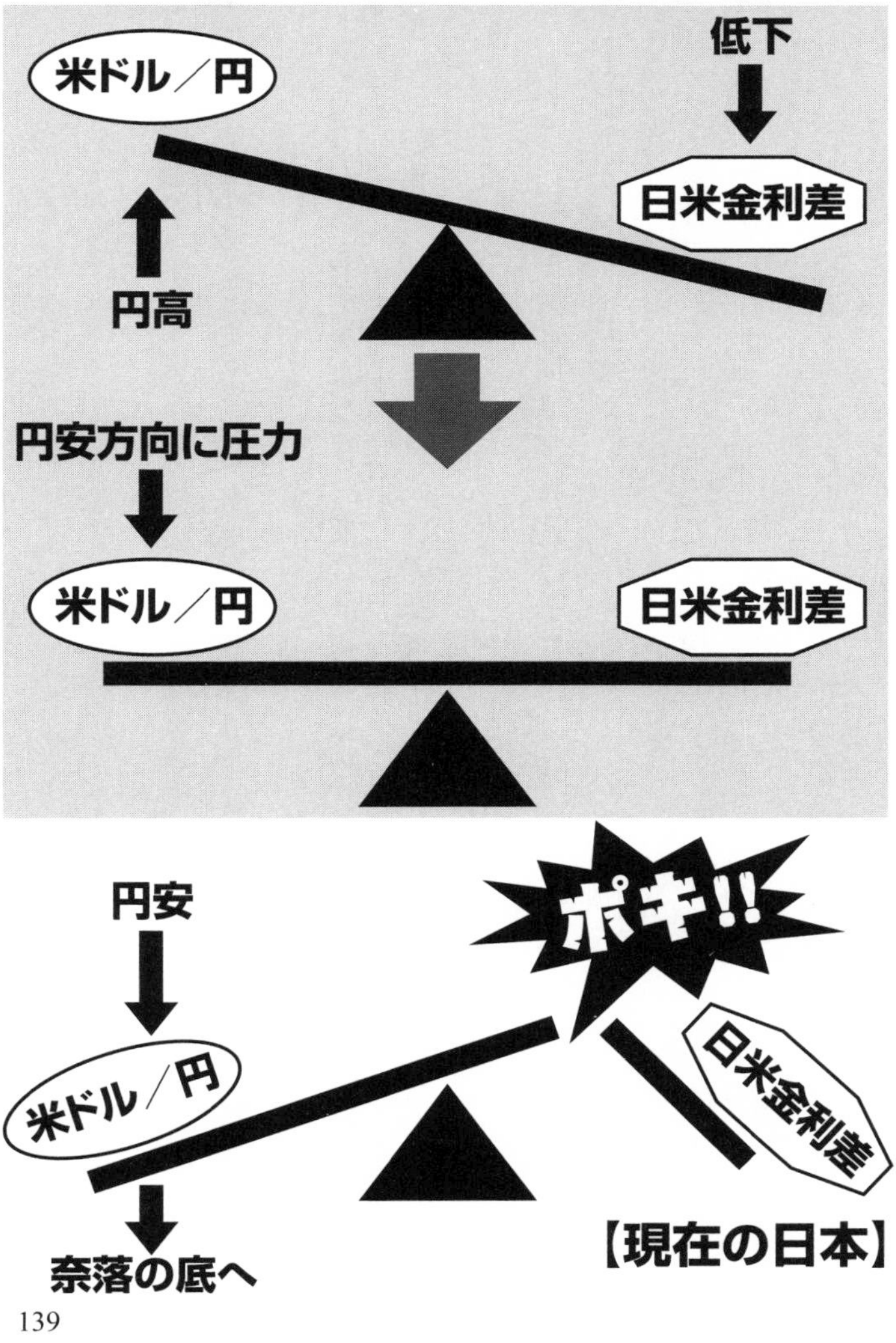

為替レート」よりも通貨の対外競争力の実態を色濃く反映している指標として利用される。

円安要因は、次のステージへ

これまでの円安の第一要因は、日米の金利差であることは間違いない。一四一ページの「日米金利差とドル／円」のチャートを見ていただきたい。二〇二〇年以降、日米金利差が拡大すると共に円安が進んでいることが見て取れる。

アメリカの金利が未来永劫上がり続けることはないので（実際、二〇二三年一二月時点で二〇二四年は少なくとも年三回の利下げが想定されている）、いずれ日米金利差が縮小する局面が来ることは間違いない。その時は、円高になると予想される。この予想は、短期的には当たるだろう。しかし、実は次に来る「超円安要因」は日米金利差ではない。では、その要因は何かと言えば、それは「日銀（日本）に対する信用不安」となる確率が高い。

日米金利差とドル／円

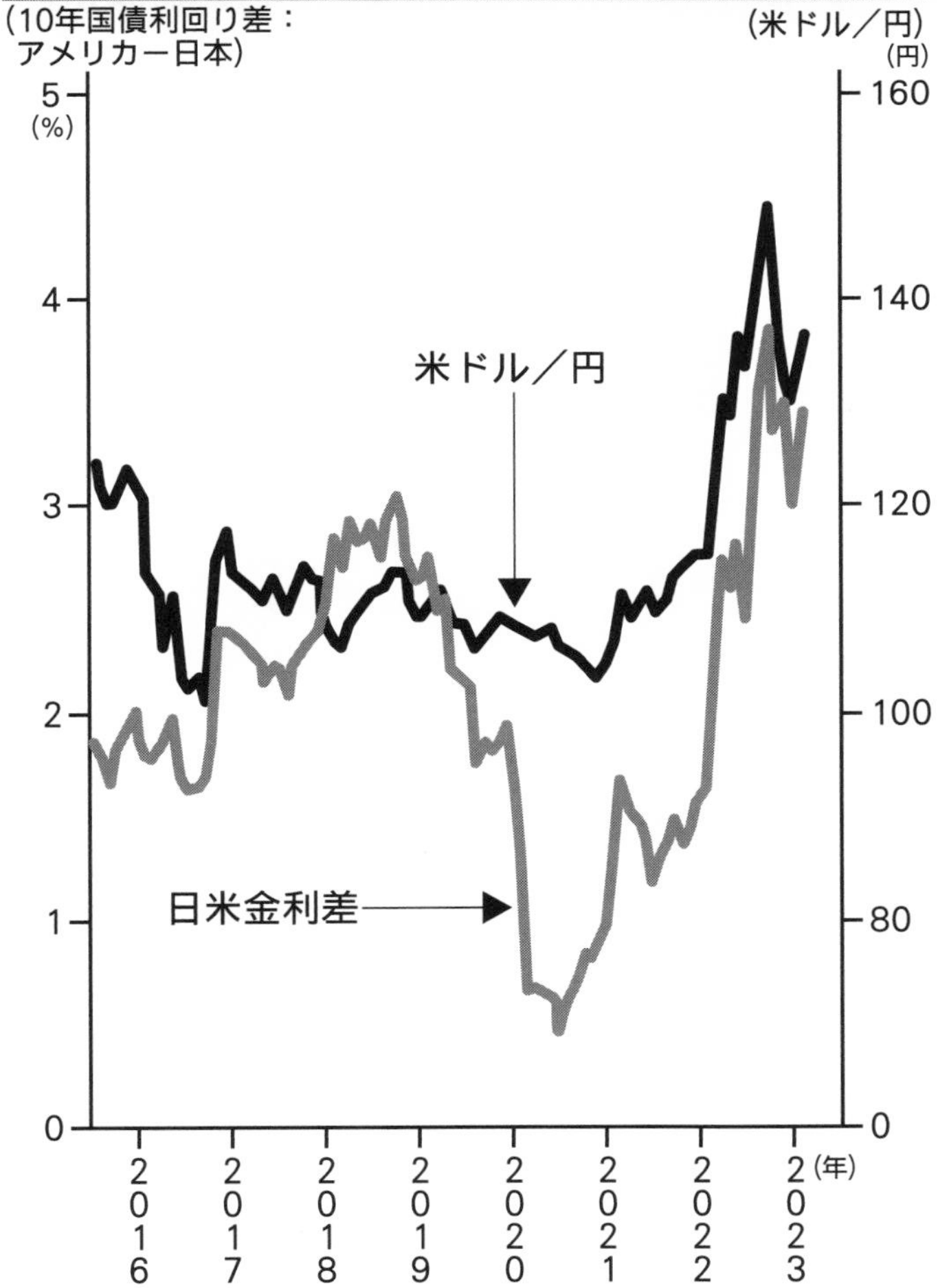

全米経済研究所、ブルームバーグ、
JPモルガンアセットマネジメントのデータを基に作成

日本に対する信用不安が高くなれば、日本国債が大きく売られることにもなる。したがって、日本国債の動きにも注目する必要がある。以下に、日本国債の基本的な動向について触れておこう。

日本国債、仕手相場の末路は大暴落!! 金利は暴騰!!

日本の債券市場の動向を示す指標として大きな役割を担っているのが「長期国債先物」である。外国人には「ＪＧＢ（Japanese Government Bond）Futures」の名で親しまれているこの長期国債先物の取引は、一九八五年一〇月一九日に東京証券取引所でスタートした。額面一〇〇円、利率六％、残存期間一〇年の〝仮想〟国債を標準物としている。詳細はここでは述べないが、一つだけ理屈抜きで覚えておいてほしいのは、「長期国債先物価格が下落すると金利は上がる」という相関関係にあるということである。要は、長期国債先物価格を追っていれば日本国債の動きがわかる、ということになる。

この長期国債先物価格は、二〇一六年から二一年まで高値圏で張り付いていた。これは、金利は超低金利が続いていたということになる。その状態は、通常の相場ではあり得ない形と言ってよいだろう。なぜそのような形になっているかと言うと、一生懸命買い支えている人がいるためである（実際には、長期国債先物の原資産である長期国債を買っている）。つまり、仕手株で言うところの〝仕手本尊〟がいるのである。この仕手本尊とは誰かと言うと、それは言わずと知れた日本銀行（日銀）である。日銀が躍起になって買い漁《あさ》っているのだ。

強大な力を持った仕手本尊だが、いつかはそれにも限界がやってくる。ハシゴを外される時が訪れるのだ。その時の下げは、すさまじいものとなるのは間違いない。仕手相場の末路は、〝大暴落〟である。

仕手相場化した日本国債市場は、意図的に操作されているので、経済データなどを利用して相場を予測するファンダメンタル分析は、まったく意味がない。テクニカル的に価格の動きをいち早く察知して判断するしかないだろう。

一四五ページの「日銀の国債保有比率」のチャートを見ていただきたい。アベノミクススタートの二〇一三年から右肩上がりに上昇している。二〇二二年には五割を突破した。すでに、日銀が国債を半分以上買い占めているのである。この状態で売り抜けるのは不可能である。買いを止めれば、即暴落となる。

次に、一四七ページの「日銀の国債買い入れ額（月間）」のチャートを見ていただきたい。アベノミクススタートの二〇一三年から急上昇している。「三本の矢」というキャッチフレーズで始まった政策だが、その一本目の矢である「大胆な金融政策」、つまり日銀の量的緩和策によって買い入れを増やし始めたものだ。参考までに、二本目の矢は「機動的な財政政策」、三本目の矢は「成長戦略」であった。

二〇一六年四月に一旦上昇が止まり、それ以降低下傾向にあったが、二〇二二年六月に暴騰した。これは、欧米各国が金融引き締めに転じる中、日銀は景気下支えのために大規模な金融緩和策を継続、日銀の政策修正に期待した海外投資家などによる国債の売り圧力が強まり、日銀の買い入れ額が急増したためである。その後、数ヵ月は低下していたが、二〇二三年に入り再度、日銀が金

日銀の国債保有比率

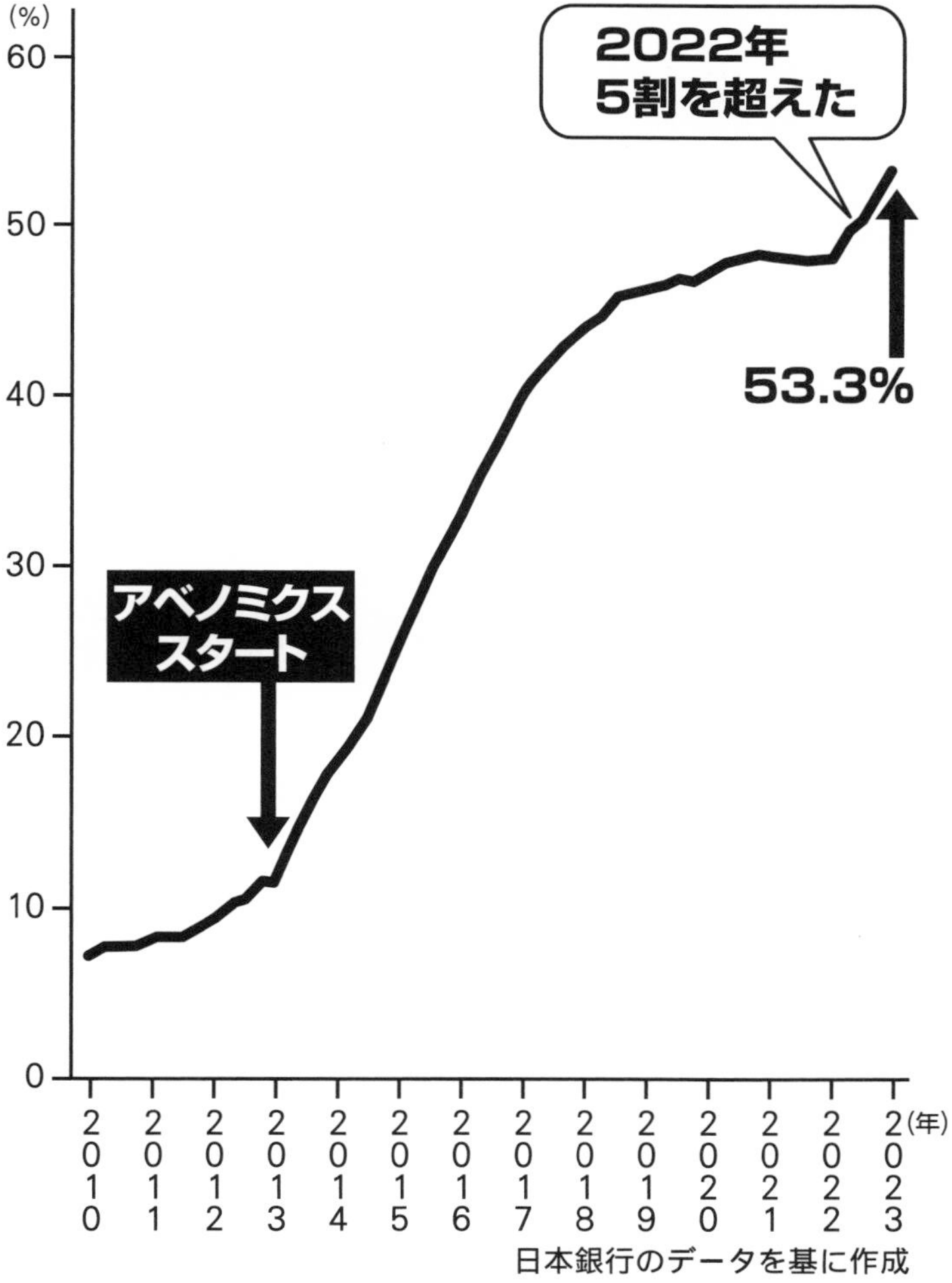

日本銀行のデータを基に作成

融政策を修正するのではないかという見方から長期金利の上昇圧力が強まり、これを抑え込むために買い入れが膨らんだ。

最後にもう一つ、一四九ページの「日銀の国債保有残高」のチャートを見ていただきたい。アベノミクススタートの二〇一三年から、右肩上がりに上昇している。二〇二一年には五〇〇兆円を突破し、現在六〇〇兆円に迫ろうとしている。

これら三つのチャートを見ても、二〇一三年以降（つまりアベノミクス以降）がいかに異常であったかがわかる。日銀は、今後も日本国債の「買い」を止めることはできないだろう。むしろ、買いが加速する可能性が高い。ましてや「日本国債の買いを止めます」というアナウンスなど、死んでもできないだろう。第二次世界大戦末期、戦況が悪化しているのにも関わらず、優勢であるかのような虚偽の発表を繰り返した「大本営発表」とオーバーラップする。

日本円を刷れる日銀は、理論的には日本国債を全部買うことができる。ただし、そんなことをすれば海外投資家からの信用は失墜するだろう。日銀だけで

日銀の国債買い入れ額（月間）

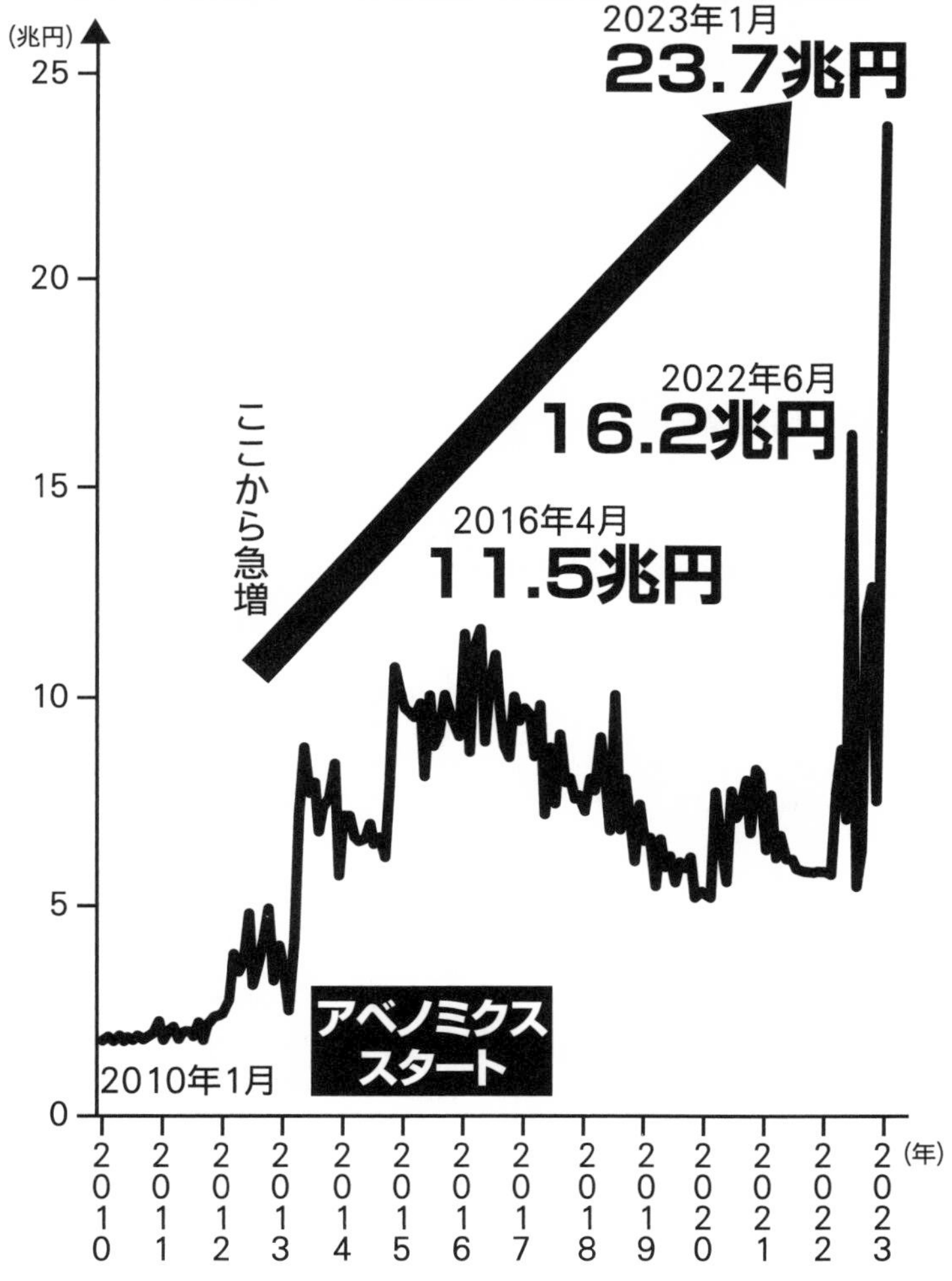

はコントロールできない「為替市場」にそのしわ寄せが来ることになる。「超円安」だ。

「カギ足」から見た日本国債と「超長期周期」から見た日本国債

カギ足では現在、売り転換中（金利上昇方向）である。カギ足は、買い方優勢か売り方優勢かを、淡々と判断するだけである。したがって、現在（二〇二四年一月時点）の日本国債は下落しやすい（金利上昇しやすい）状況ということである。これは、いつ暴落（金利暴騰）してもおかしくない形と言える。

超長期周期は、現在下落中である。つまり、金利上昇方向である。一五〇〜一五一ページの「日本長期国債先物　三三年間のチャート」を見ていただきたい。一九九〇年九月二七日の八七・〇八円（金利で八・二二％）から二〇二〇年三月一〇日の一五五・八九円（金利で〇・一三％）まで、約三〇年間右肩上がりに上昇してきた。二〇一六年から日銀の買い支えにより、一五〇円を割ら

日銀の国債保有残高

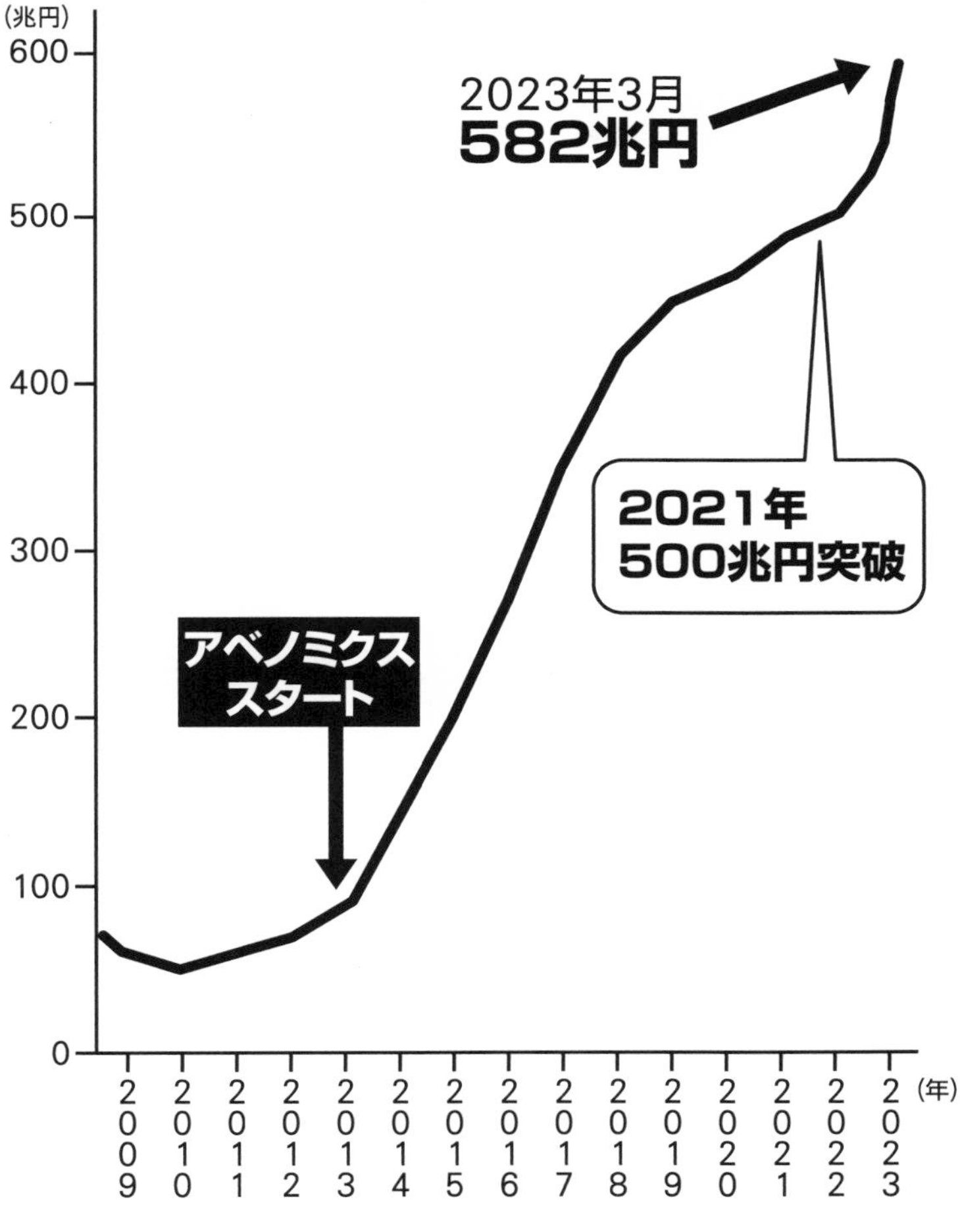
(兆円)
600
500
400
300
200
100
0
2023年3月
582兆円
2021年
500兆円突破
アベノミクス
スタート
2009
2010
2011
2012
2013
2014
2015
2016
2017
2018
2019
2020
2021
2022
2023
(年)

33年間のチャート

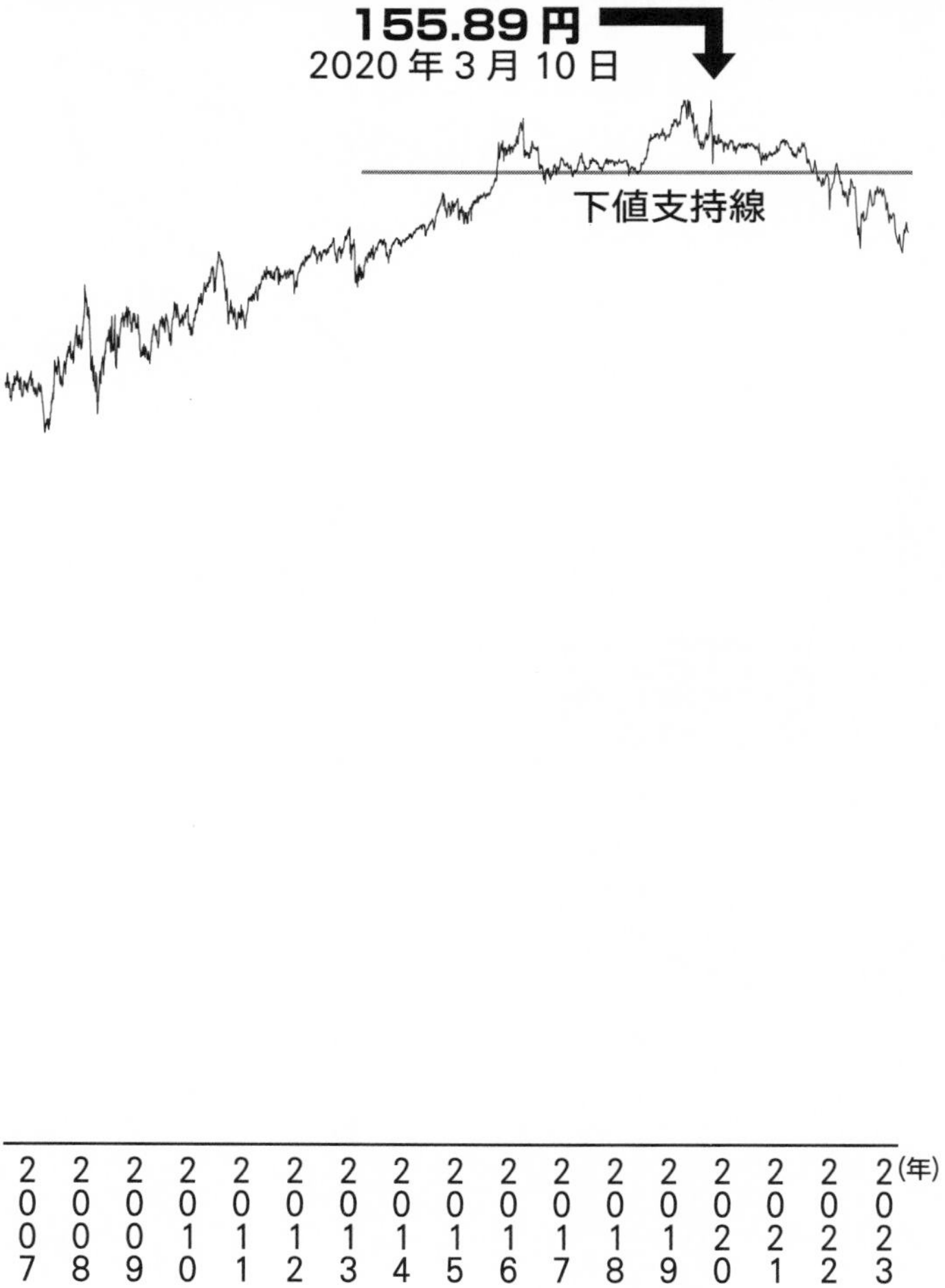
155.89円
2020年3月10日
下値支持線
2007
2008
2009
2010
2011
2012
2013
2014
2015
2016
2017
2018
2019
2020
2021
2022
2023
(年)

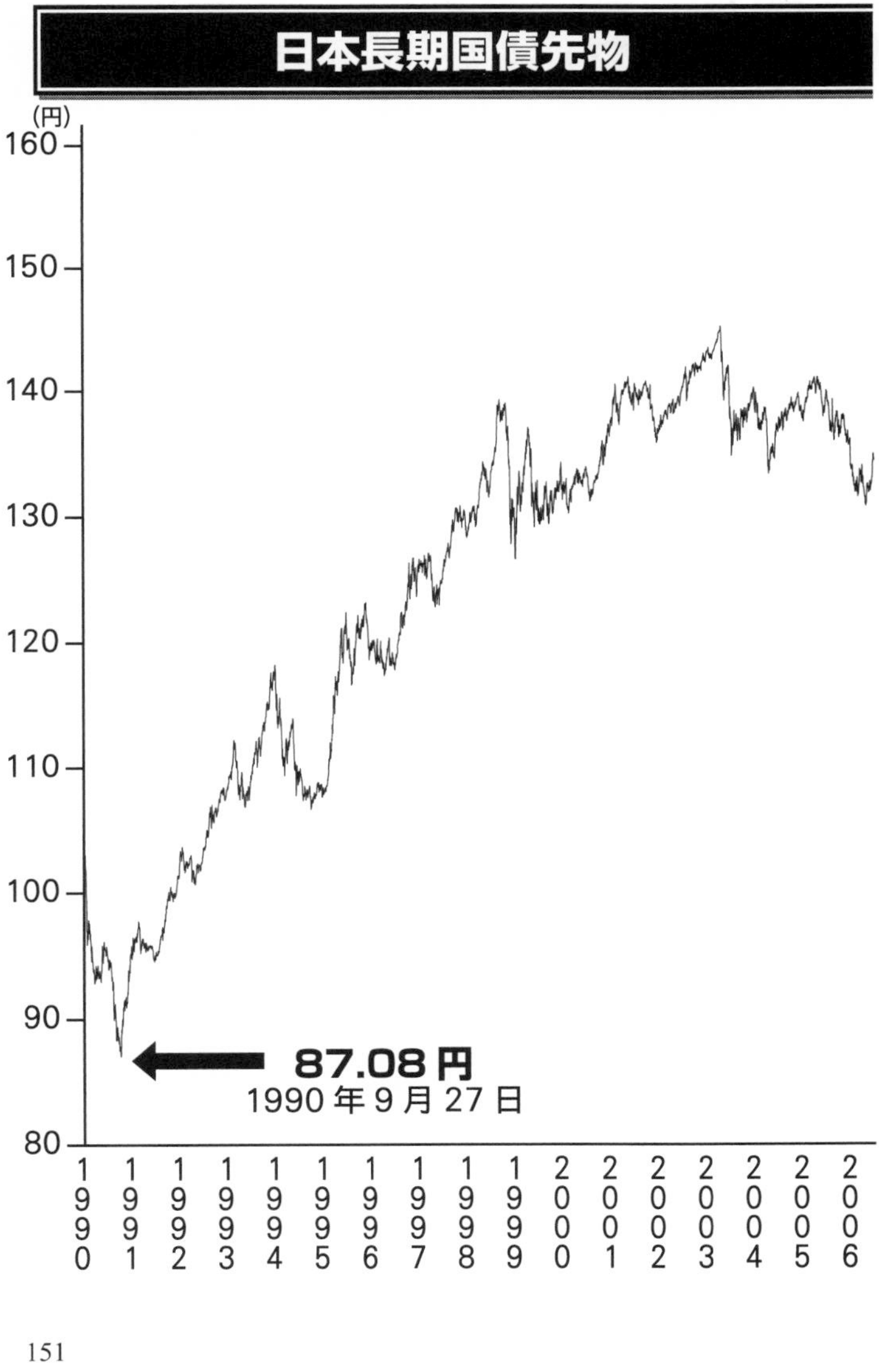
日本長期国債先物
(円)
160
150
140
130
120
110
100
90
80
87.08円
1990年9月27日
1990
1991
1992
1993
1994
1995
1996
1997
1998
1999
2000
2001
2002
2003
2004
2005
2006

ずに推移して来たが、二〇二二年に入ってそれを割り込んだ形になっている。二〇二〇年三月一〇日に記録した一五五・八九円を大天井に、下落トレンドになっていることは明らかだ。

「短期周期」から見た日本国債

長期国債先物の二〇〇七年六月一三日に記録した一三〇・七六円からの短期周期は、以下の通りである。

最初の短期周期は、四段上げ一段下げで完了した。これが中期周期の一周期目（中期上昇①調整①）となる。つまり、二〇〇七年六月一三日に一三〇・七六円でスタートした中期周期一周期目は、二〇一七年二月三日の一四九・二八円で完了したことになる。その期間は、約九年と八ヵ月の長さとなった。この間の高値は、二〇一六年七月二八日の一五四・〇一円になり、二〇〇七年六月一三日の一三〇・七六円の基点から二三・二五円の上昇となっている。

私が注目するカギ足・超長期・短期周期から見た日本長期国債先物（金利）

（2024年1月時点）

カギ足 【現在の相場の向き】	金利上昇 ↓ （売り転換中）
超長期周期 【約60年の周期】	↓
短期周期 【数ヵ月～数年の周期】	↓

チャート上の周期

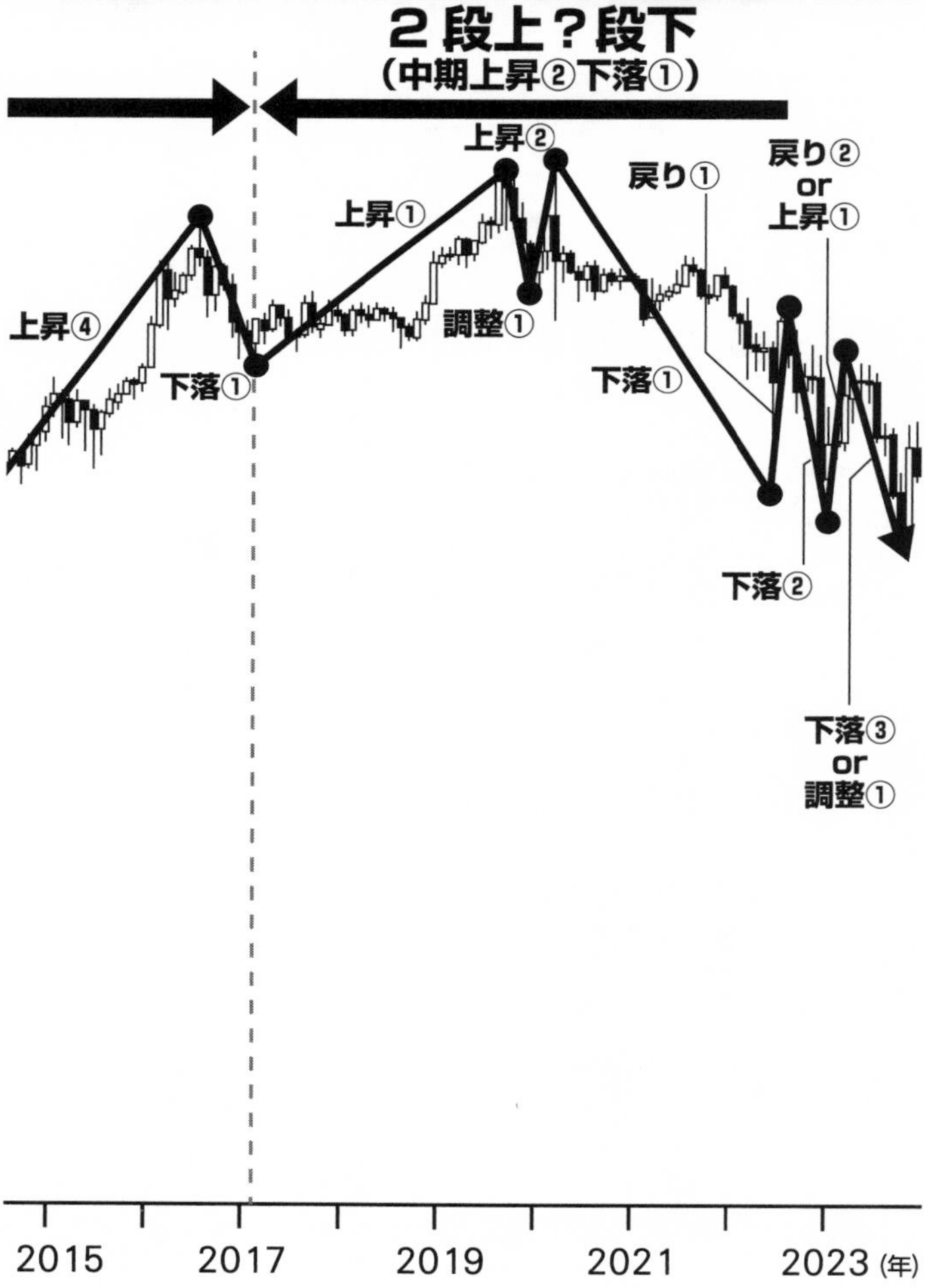

2段上？段下
（中期上昇②下落①）
上昇④
下落①
上昇①
上昇②
調整①
戻り①
下落①
戻り②
or
上昇①
下落②
下落③
or
調整①
2015
2017
2019
2021
2023
(年)

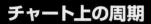

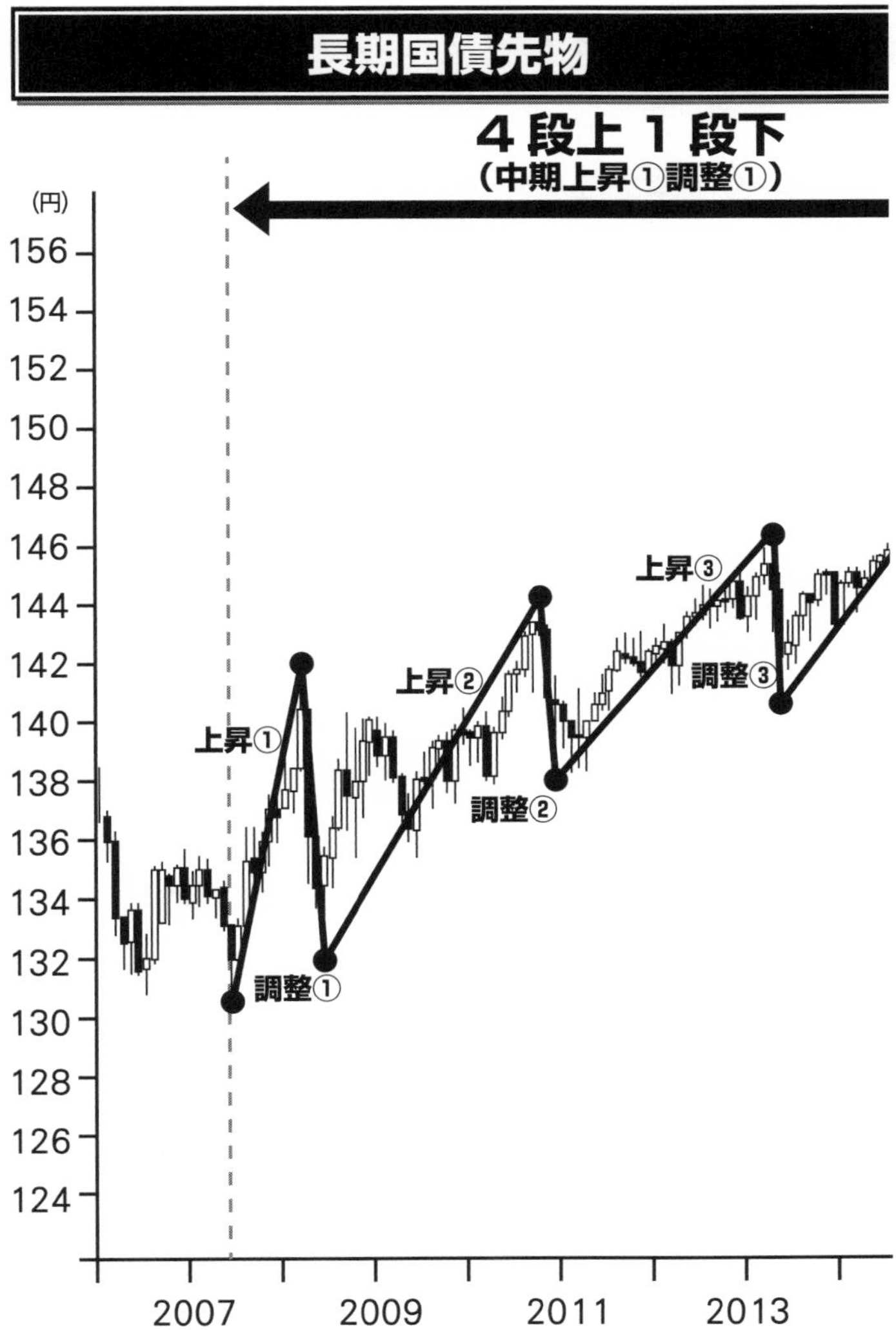
長期国債先物
４段上１段下
（中期上昇①調整①）
(円)
156
154
152
150
148
146
144
142
140
138
136
134
132
130
128
126
124
上昇①
調整①
上昇②
調整②
上昇③
調整③
2007
2009
2011
2013

次の短期周期は、二段上げが確定し、現在下落③か調整①かの判断待ちである。このまま二〇二三年一月一三日の一四四・一五円を下回れば、下落③が確定する。それと同時に、その前の波は戻り②が確定する。逆に、一五〇円近辺まで上昇したとすると、調整①が確定する。それと同時に、その前の波は上昇①が確定する。これは、短期的に上昇相場入りを意味する。中期周期は調整②にならず下落①が確定した。したがって、中長期的に下落トレンドにある。

日本国債暴落は、時間との勝負

日本国債は、カギ足・超長期周期・短期周期とも下落（金利上昇）方向に向いている。チャートからは、完全な下落トレンドに入っていることが確認できる。一五八～一五九ページの「日本長期国債先物　週足チャート」を見ていただきたい。二〇二二年に下値支持線として意識された一五〇円を切った後、一四五円台まで急落している。二〇二二年六月一五日には、「ダイナミック・サーキットブレーカー」が発動されている。

ダイナミック・サーキットブレーカーとは、異常な量の注文が短期間に入った時、売買を一時中断する制度である。これには投資家の冷静な投資判断を促すことや、誤って大きな量を注文してしまった誤注文の損害を抑える目的がある。この時は異常な量の売り注文が入り、売買が中断された。債券先物市場では滅多に発動されることはなく、七年九ヵ月振りの出来事だ。

注目すべきは、その後である。急激に一五〇円台まで戻している。日銀が日本国債に莫大な買いを入れたためだ。もう一度一四七ページの「日銀の国債買い入れ額（月間）」のチャートを見ていただきたい。二〇二二年六月に一六・二兆円もの日本国債を買ったのである。その後も急落しては急反発を繰り返している。誰が見ても仕手戦そのものである。この時はヘッジファンド対日銀の構図であった。詳細は『２０２５年の大恐慌』（二〇二二年第二海援隊刊）「第三章　日銀ヘッジファンド売りに防戦」をぜひお読みいただきたい。

その後二〇二二年一二月二〇日（売りによる）、二〇二三年一月一八日（買い

週足チャート

2020年
3月10日
155.89
2021年
7月21日
152.62
2022年
8月5日
150.81
2023年
3月22日
149.53
2020年
3月19日
150.61
2022年
6月16日
145.05
2023年
1月13日
144.15
2018
2019
2020
2021
2022
2023
(年)

日本長期国債先物

(円)
157
156
155
154
153
152
151
150
149
148
147
146
145
144
143
142
141
2016年
7月28日
154.01
2017年
2月3日
149.28
2013
2014
2015
2016
2017

による)、二〇一三年七月二八日(売りによる)にもダイナミック・サーキットブレーカーが発動されている。いかに相場というものが不安定なのかが伺える。

仕手戦において、高値圏での乱高下は上昇相場末期の可能性が大きい。つまり、仕手本尊である買い方の選択肢は二つしかない。「売り抜ける」か、「買い続ける」か、である。仕手本尊である日銀が「売り抜ける」選択肢はない。したがって「買い続ける」しかないのである。

しかしながら、中央銀行である日銀が未来永劫国債を買い続けることはできない。そんなことをすれば日本円の通貨としての価値は暴落し、悪性インフレを起こしてしまう。日銀にとっては、時間との勝負となるだろう。

個人が実需筋の円売りに動けば、一〇〇〇円で止まらない

現在、多くの個人(日本人)は預金(円)を米ドルなどの他国通貨に換えよう(円を売ろう)とは考えていない。せいぜい海外旅行に行くため円を売って

長期国債先物　短期周期と価格

中期周期起点　1周期目	2007年6月13日	130.76円		
上昇1	↓		期間:9ヵ月	値幅: 11.24円
	2008年3月18日	142.00円		
調整1	↓		期間:3ヵ月	値幅: 9.95円
	2008年6月13日	132.05円		
上昇2	↓		期間:28ヵ月	値幅: 12.26円
	2010年10月6日	144.31円		
調整2	↓		期間:2ヵ月	値幅: 6.15円
	2010年12月15日	138.16円		
上昇3	↓		期間:28ヵ月	値幅: 8.28円
	2013年4月5日	146.44円		
調整3	↓		期間:2ヵ月	値幅: 5.74円
	2013年5月23日	140.70円		
上昇4	↓		期間:38ヵ月	値幅: 13.31円
	2016年7月28日	154.01円		
下落1	↓		期間:6ヵ月	値幅: 4.73円
中期周期起点　2周期目	2017年2月3日	149.28円		
上昇1	↓		期間:32ヵ月	値幅: 4.73円
	2019年9月25日	155.48円		
調整1	↓		期間:3ヵ月	値幅: 3.56円
	2019年12月23日	151.62円		
上昇2	↓		期間:3ヵ月	値幅: 4.27円
	2020年3月10日	155.89円		
下落1	↓		期間:27ヵ月	値幅: 10.84円
	2022年6月16日	145.05円		
戻り1	↓		期間:2ヵ月	値幅: 5.76円
	2022年8月5日	150.81円		
下落2	↓		期間:5ヵ月	値幅: 6.66円
	2023年1月13日	144.15円		
戻り2or上昇1	↓		期間:2ヵ月	値幅: 5.38円
	2023年3月22日	149.53円		
下落3or調整1	↓			
	2024年1月現在			

ドルを買うか、儲けるために円を売ってドルを買うかである。一般的に前者を「実需筋の円売り」、後者を「投機筋の円売り」と言う。

ここで言う「実需」とは、外国為替取引において投機を目的としたものではなく、輸出や輸入など商品の購入・売却や、経営権獲得などのために外国株の購入・売却などを目的とした取引を指す。「実需筋」と言う場合は、そうした実需による取引を行なう取引参加者のことである。実需筋の円売りをする人は、海外旅行に行く日本人、日本に進出した外国企業などである。

一方、「投機筋」といった場合、為替差益で儲けようとする取引参加者のことである。投機筋の円売りをする人は、「銀行」「証券」「年金基金」「ヘッジファンド」「個人投資家」などである。

両者の大きな違いは、実需筋は基本的には円を売ったらそれで終わりである。つまり円を売って得たドルが、アメリカで買ったお土産に換わって終わりである。しかし投機筋は、円を売ったらその後円を買い戻しする。つまり全体としては、プラスマイナスゼロと考えてもよい。ここから言えることは、実需筋の円売りの方が円安にとって良くないということである。実際、個人が実需で自国通貨を売るということは、自国通貨を持ちたくないという状況なので、国家を信用できない状況になっていると考えられる。

現在の個人（日本人）投資家は、ほとんど投機筋なので円を売ったとしてもその後円安になれば円を買い戻す行動を起こすと考えられるので、円にとって大きな問題ではない。ところが、個人（日本人）が〝実需筋の円売り〟に動き出したら大問題となる。つまり、個人（日本人）の一〇〇〇兆円を超える現預金がわずか一％でも円売りに動き出したら、一気に円安に振れるのは間違いない。「まさか、まさか」と思われる読者もいるだろう。それでは「ドル／円が三六〇円になったら」どうだろう？　「日本銀行が倒産したら」どうだろう？　それでもあなたは、円を信用し持ち続けるのであろうか。

一六五ページの「円の取引額推移（一日当たり）」のチャートは、国際決済銀行（ＢＩＳ）が三年に一度調査発表している、日本円の一日当たりの取引額の推移である。参考までに二〇二二年の世界の外為市場取引額合計（一日当たり）

は、七兆五〇八〇億ドルだった。一番多かったのは、米ドルの六兆六四一〇億ドル、二番はユーロの二兆二九三〇億ドル、三番が日本円の一兆二五三〇億ドルだった（注：為替は常に相手がいるので、各通貨取引額を合計したら取引額合計の二倍になる）。

このチャートを見て、「一日一兆二五三〇億ドル（一ドル＝一四〇円換算で一七五兆円）も取引があるのなら大きな問題にならない」と考えるかもしれないが、うち九割が投機取引と言われている。したがって、実需の円売りが一日一兆円増えるだけで、ドル／円市場への影響は計り知れないのである。

ドル／円に、〝ショック〟は〝必ず〟起きる

相場に〝必ず〟はない。なので「ドル／円にショックが起きる確率は、限りなく一〇〇％に近い」という表現にここで変更したい。

最後にもう一度結論を述べよう。カギ足では「円安トレンド」の中にあり、

円の取引額推移（1日当たり）

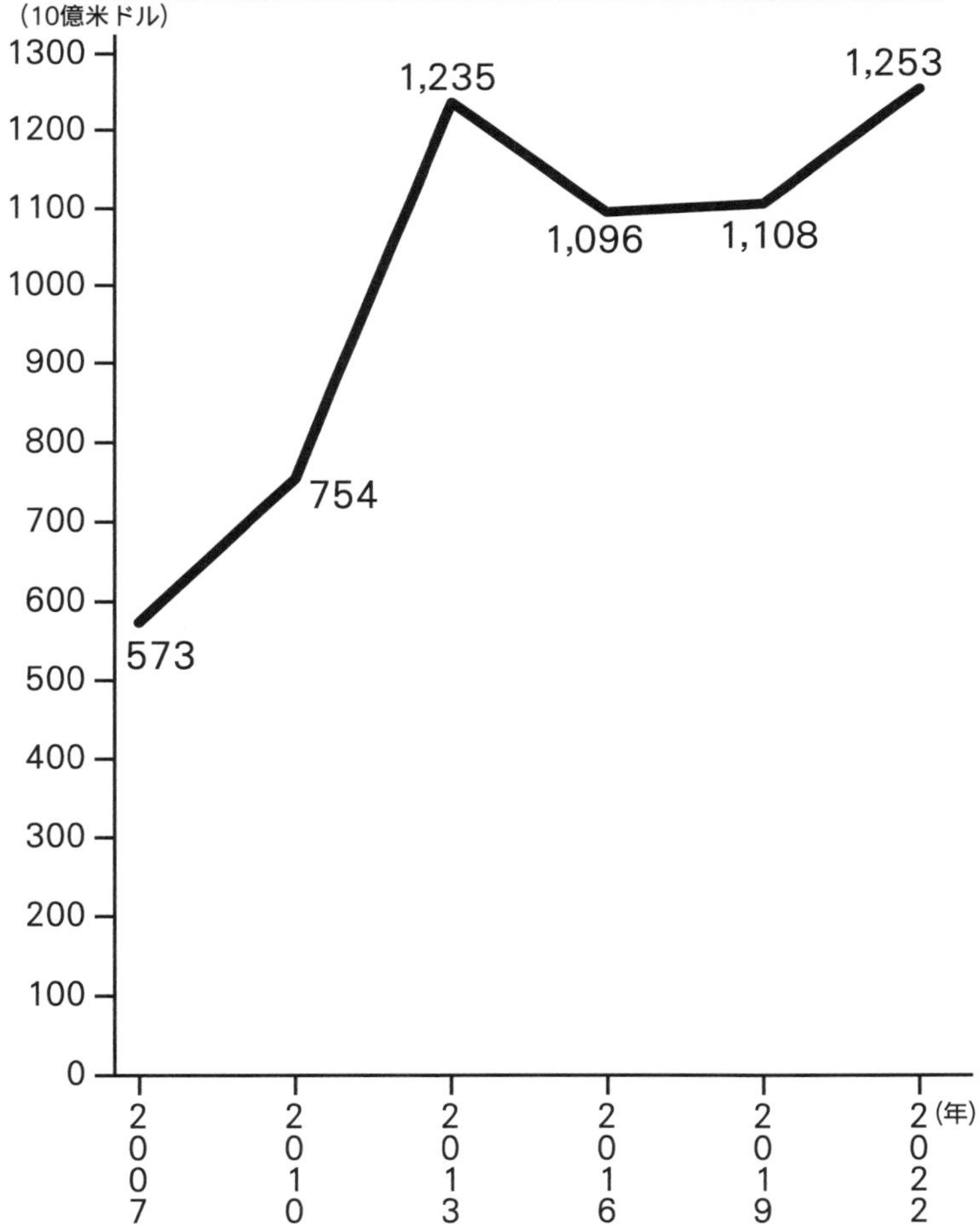

BISのデータを基に作成

周期（波動）性からは「二〇二四年から二〇二五年にかけ円高局面もあるが、急激な円高にはなりにくい。円高局面であっても、円安トレンドの中のあや戻し程度」と言うことになる。少なくとも今後一〇年は円安トレンドの中にある。

日本国債は、いつ暴落してもおかしくない形であり、日本に対する信用不安が急激に増す可能性もある。南海トラフ地震、中国による台湾侵攻なども、いつ起きてもおかしくない状況だ。日本に対する信用不安が増大すれば、円は売られることになる。

このような、何らかの理由で一旦大きく円安に振れると、日本国民の「円」に対する信用がなくなり、スパイラル的な円安に陥る可能性も〝大〟なのだ。そうなればパニック状態となり、〝三六〇円メド〟とか〝一〇〇〇円メド〟など関係なく円が売られることになる。日本円を取り巻く状況はこのように危うく、その「円」をすべての財産としている多くの日本人は、この機会に「ただの紙キレ」と堕した時の日本円について、思いを馳せてみてほしいものだ。

第四章

現日銀を潰して新日銀を作るしかない

——事態はここまで来ている

「中央銀行など廃止してしまえ！」

二〇二三年秋に実施されたアルゼンチンの大統領選で、ひときわ注目を集めた政治家がいる。リバタリアニズム（自由至上主義）を信奉し、「アルゼンチンのトランプ」とも呼ばれるハビエル・ミレイ下院議員だ。

ミレイ氏の主張・言動は、ある意味ではトランプ氏以上に過激だ。彼が主張するのが通貨のドル化と中央銀行の廃止だ。アルゼンチン中央銀行を、「地球上に存在するゴミで最悪のもの」と酷評する。出演したテレビ番組で中央銀行の模型を棒で叩き壊したり、「中央銀行」と書かれた大きな風船を割るなどの派手なパフォーマンスで知名度を上げた。

現在、アルゼンチンの経済状態は深刻を極める。インフレは過去三〇年で最悪の水準にあり、二〇二三年一一月の消費者物価指数は前年同月比一六一％の上昇となった。物価上昇はわずか一ヵ月で一〇％を上回り、二〇二三年一二月には年間のインフレ率が二〇〇％（つまり、物価が一年で三倍）に達するという予測もある。まさにハイパーインフレ、国家破産状態だ。

インフレ（物価高）は文字通り、「モノの価値が上がる」反面、通貨価値の目減りを意味する。現地の人々は、インフレに伴う通貨価値の目減りに対応するため、モノの購入に走る。不動産取引、特に住宅の住み変えの動きが活発化しているという。居住する住宅を売却し、それを元手により条件の良い住宅に移ろうということだ。

インフレは、人々の自動車購入意欲も高めている。アルゼンチンの二〇二三年の実質ＧＤＰ成長率はマイナス三％に落ち込むと予想されているにも関わらず、自動車販売は好調で二〇二二年は前年比一三％増、二〇二三年一～九月は前年同期比一三％増を記録している。納車まで〝半年待ち〟という販売店もあるようだ。インフレで価値が下がるアルゼンチンの通貨〝ペソ〟を持ち続けるのは損だから、価値のあるモノに換えてしまおうというわけだ。

もちろん、国家破産対策の基本である「ドルに換える」動きも続いていると見られ、為替市場ではペソの下落に歯止めがかからない状態だ。公式の為替レートは二〇二三年八月に一ドル＝三五〇ペソに、さらに同年一二月には一ドル＝八〇〇ペソへの切り下げが発表された。現地メディアの報道によると、人々が抱えるタンス預金は約二四〇〇億ドルにおよぶという。仮想通貨への投資でインフレをヘッジしようと考える人も多く、ペソの暴落も手伝って、現地のビットコイン価格は次々に史上最高値を更新し続けている。

アルゼンチンでは、これらの資産防衛策が盛んに行なわれているわけだが、これらの対策を打てる人は決して多くはない。

アルゼンチンでは家を買う際、住宅ローンは一般的ではないという。それはそうだろう。すさまじい勢いで目減りして行くペソでお金を貸すような物好きなどいるわけがない。お金を貸すなら、価値が安定している「ドル」でしか貸すはずがない。ドル建ての住宅ローンなら貸す側のリスクも限定されそうなものだが、住宅ローンは長期におよぶ。その期間、借り手がしっかりドルを稼ぎドルで返済できるかと考えると、疲弊した経済環境下では危ういということなのだろう。不動産売買では「ドルの現金一括払い」を求められることが多いという。クルマならまだしも、住宅を現金一括で買う人を〝庶民〟とは呼ばない。ドルや仮想通貨に換えるのは少額からでもできるが、少額であれば買えるものも限られるし、対策の効果もたかが知れている。

結局、ハイパーインフレ、つまり国家破産というコトが起こった段階では、富裕層あるいは中間層の中でも経済的余裕のある人しかインフレをヘッジして安定した生活を送ることは難しいということだ。

実際、アルゼンチンでは多くの人が苦しい生活を送る。お金に困った人たちが増え、「物々交換会」が盛況だという。インフレで生活費が足りず、家にある古着などを持ち込み、それをパスタなどの食糧と交換しようと次々に訪れる。生活に行き詰まり、ごみ処理場でごみの山を漁る人も増えているという。段ボールやプラスチック、金属などリサイクル可能な廃棄物を探し、それを売ることで食いつないでいるのだ。中には、ごみ処理場で食糧を探し回る人さえいるそうで、生活は過酷を極める。

国内各地のスーパーマーケットでは、生活苦に直面した人による食料品や生活必需品などの略奪行為も相次ぎ、逮捕者が続出している。

一向に収まらないインフレと生活苦に対する人々の怒りは頂点に達しつつあり、それを追い風にミレイ氏は支持を集めている。二〇二三年一一月に行なわれた大統領選の決選投票では、反米左派で与党連合のセルヒオ・マサ経済相とミレイ氏が争った。結果は、ミレイ氏の勝利であった。ミレイ氏の勝利により、大幅な政策変更が予想され、インフレがさらに加速し、経済の混乱に拍車がかかる可能性が高い。

ミレイ氏は、「ドル化によりインフレは解決できる」と主張し、経済開放を唱《とな》えるが、多くの識者は懐疑的だ。ドル化は金融政策の放棄を意味し、理論上は中央銀行は不要になる。実際、ドルを法定通貨とするパナマには、一応中央銀行が存在するが紙幣を発行せず、事実上通貨主権を放棄している。

しかし、ドル化と共に中央銀行を廃止すれば、どうしても他国の経済状況の影響を受けやすくなる。南米には、パナマ以外にもエクアドル、エルサルバドルなどドルを通貨として採用する国が多いが、経済規模がアルゼンチンよりもずっと小さい。アルゼンチンのような規模の国で、保護政策もなしに経済を解放するのは、相当なリスクを伴うだろう。

ライヒスバンクの悲劇――その1

中央銀行にとって、物価の安定は最重要課題と言える。その点では、インフレをまったく制御できないアルゼンチン中央銀行を廃止しろというミレイ氏の主張にも一理はある。能力を失い、存在価値を失えば、淘汰されるのは中央銀行も同じということだろう。中央銀行も、決して「不滅」とは言えないのだ。

過去には、ドイツで舵取りを誤りインフレを制御できなくなった中央銀行が潰されている。そんなドイツの例から、中央銀行の意義について考えてみよう。

かつてドイツには、「ライヒスバンク」（ドイツ帝国銀行）という中央銀行が存在した。ドイツ帝国の成立に伴い、一八七六年にプロイセン王国銀行を改組する形で誕生した。二〇世紀初頭までは、政府とも比較的バランスの良い関係を維持していたが、一九一四年に第一次世界大戦が勃発するとライヒスバンクを取り巻く状況は大きく変化した。

金融総動員措置が採られ、「帝国紙幣と銀行券に関する法律」などの諸法が制定・施行された。金《きん》本位制が停止され、通貨発行に対する制約がなくなった。ライヒスバンクは戦費調達の要求に応え、パピエルマルク（「紙のマルク」の意味）と呼ばれる紙幣を大量に発行した。開戦から一九一六年までは課税ではなく借金による戦費調達で対処しており、ひたすら紙幣を刷る輪転機を回し続けたのだ。その後も紙幣増発による戦費調達は継続され、結果一九一四～一八年の間、国際相場におけるドイツの通貨マルクの価値は半分になっている。

当初、このインフレは多くのドイツ国民にとって心地の良いものであった。通貨価値が下落したことで輸出企業が潤《うるお》い、企業倒産は減少、失業率も低下し経済が活性化したためだ。インフレ対策として、株式にも注目が集まった。国民の間にはインフレはドルの価値上昇によるものという認識があり、驚くべきことにほとんどの人は通貨マルクの価値下落を感じていなかったのだ。

大戦も後半に入ると情報統制が強化され、通貨価値がどのようになっているのかなど、国民が知る術はほとんどなくなった。ドイツ国内の株式市場はすべて閉鎖され、為替相場も公表されなくなった。確かにインフレはひどくなった。しかし、それが戦時中の一時的な異常事態によるものなのか、それとも別の経済的な大きな問題によるものなのか、国民にはまったく判断できなかった。

それが誰の目にも明らかになるのは、敗戦後のことだ。情報統制がなくなると同時に、国民は呆然《ぼうぜん》とすることになる。経済が壊滅的な状況であることが判明したのだ。マルク相場は、さらに下落して行った。トドメを刺したのは、戦後の賠償金を決めた「ベルサイユ条約」だ。

ベルサイユ条約により、ドイツは到底支払うことが困難な金額の賠償金を求められた。賠償金は、当初二二六〇億マルクと設定された。しかし、あまりにも巨額であったため、一三二〇億マルクに減額された。減額後の金額でも当時のドイツのＧＮＰの二〇年分に相当するというから、国家としての支払い能力を完全に超えていた。

ドイツがベルサイユ条約をしぶしぶ承諾した一九一九年六月までに、戦前と比べたマルクの価値はすでに三分の一ほどまで下落していたが、暴落の本番はここからだった。数年間かけて三分の一になったマルクの価値は、今度は一九一九年末までのわずか数ヵ月の間にさらに三分の一になり、戦前から見るとその価値は一〇分の一になってしまった。

この難局を乗り切るためにドイツが行なったのが、「財政ファイナンス」（国債の直接引き受け）だ。政府が大量の国債を発行し、それをライヒスバンクに買い取らせたのである。現代において財政ファイナンスは禁じ手となっており、日本においても財政法により禁じられているが、当時はどの国も疑問を持つことなく行なっていたのだ。実は、財政ファイナンスが常識的に禁じ手とされたのは、世界がその後のドイツの悲惨な状況を目の当たりにしたためである。

政府が発行する国債を中央銀行が買い取ることを認めれば、理屈上、政府は際限なく国債発行、つまり借金することができる。中央銀行は、これも理屈上お金（紙幣）を際限なく発行できるからいくらでも国債を買い取ることが可能で、政府はいくらでもお金を受け取ることができる——一見すると、まるで錬金術《れんきん》のような見事なスキームに見えるが、国債にしろお金（紙幣）にしろ、ただの紙であることを忘れてはならない。

たとえば、一万円札には当然一万円相当の価値があり、一〇〇〇円程度の軽食なら一〇回食べられるし、二〇〇〇円の単行本なら五冊買えるわけだ。しかし、一万円札の〝物質的な価値〟はそんなに高くない。実は、製造原価は二〇円程度のものだ。それはそうだろう。いくら偽造防止の細工が組み込まれているとはいえ、ペラペラの小さな紙キレだ。一万円相当の価値などあるはずがない。物質的には大した価値のない〝一万円札という紙キレ〟に対して人々が一万円の価値を認めるのは、ひとえに日銀および日銀が発行する紙幣を人々が信用しているからだ。

そのような、本質的にはただの紙キレに過ぎない紙幣を乱発すれば、その通貨の価値が下落するのは当然だ。それは、インフレという形で私たちの生活を脅かす。先の例で言えば、一〇〇〇円だった軽食が二五〇〇〇円になり、一万円あれば一〇回食べられたのが四回しか食べられなくなる。二〇〇〇円だった単行本が五〇〇〇〇円になり、一万円あれば五冊買えたのが二冊しか買えなくなる。

当時のドイツでは、中央銀行であるライヒスバンクが直接国債を引き受けて膨大な量の紙幣を刷りまくったのだから、手の付けようもないインフレが発生した。一九一九年以降、インフレは年々ひどくなるばかりであった。しかし一方で、大多数の国民は「来年にはマシになるはず」と、まるで根拠のない希望的観測を持ち続けた。

すっかり信用を失った通貨が向かった先は、外貨や株式だった。逃避資金の流入により株式相場が値上がりし、その値上がりによってまた株式に資金が集まるといった循環が生まれた。まさに「買うから上がる。上がるから買う」という状態で、株式市場は一種のバブル的な様相を見せた。そして、この構造にいち早く気付いた一部の人たちは、株高の波に乗り莫大な資産を形成したのである。

インフレは、国民をひと握りの勝ち組と大多数の負け組とに分断した。ごく一部の人たちがインフレに乗じて大きな資産を形成した一方で、ほとんどの国民はインフレによって財産を失った。勝ち組になれたのは「株」を持っていた人、そして「外貨」を持っていた人であった。街中では暴徒と化した国民が警官と衝突中、他方ではインフレで上手く儲けた人のために新しいナイトクラブが次々にオープンしたという。

一九二二年の時点で、マルクが大幅に減価する一方で外貨は非常に強くなっていた。当時、ドイツで一ドルあればビールなら八〇杯、ドイツの都市ケール随一の高級ホテルのフルコースなら五人前を食べることができた。インフレはさらに高進し、インフレのピークの一九二三年にかけて外貨の価値はますます高まって行った。一九二三年の前半には、大人七人がベルリンの町で一晩中豪遊しても一ドルもかからなかったという。外国人留学生がお小遣いでひと並びの家々を買い占めることができるほどだったというから、マルクに対しドルがいかに強かったかがよくわかる。

インフレは、〝物価高〟と説明されることが多いが、その裏には〝通貨安〟という面があることを忘れてはならない。しかし、当時のドイツ国民は「物価が上昇した」「米ドルが値上がりした」という片方の面だけを見て、マルクが大幅に下落しているという面を見ようとしなかった。これは致命的な誤りであったと同時に、私たちに重要な教訓を示してくれている。それは、「自国通貨の信用がなくなり通貨が安くなれば、インフレは起きる」ということだ。モノがあふれている現代においても、たとえモノが不足することがなくても、自国通貨の価値が下がればインフレは起こり得るのだ。

実際、当時のドイツでは、食糧不足による飢餓の発生が問題になっていたが、それにも関わらず農家の納屋には売られていない食糧が山積みにされていたという。インフレによる〝売り惜しみ〟が、飢餓の大きな原因だったわけだ。本当にインフレがひどい時には、一日の中で価格が平気で〝倍〟になったそうだから、売り惜しみをする気持ちが働くのもわかる。ただ、モノはあるわけだから、物々交換や外貨での購入はできたのだ。

一九二三年末、マルクの価値は大戦前に比べなんと一兆分の一に下落した。つまり、物価が一兆倍になったということだ。紙幣は紙キレ同然と化し、ドイツ経済は完全に破壊されてしまった。

一九二三年一一月には、「レンテンマルク」という臨時通貨が発行され、一レンテンマルク＝一兆旧マルクと交換レートが決められた。「レンテンマルクの奇跡」と呼ばれるこの事実上のデノミ（通貨単位の変更）により、ドイツのハイパーインフレはようやく沈静化した。

翌一九二四年には、アメリカの資本も入り金《きん》本位制に復帰するなど、ドイツ経済は安定を取り戻した。

ライヒスバンクの悲劇――その2

経済的安定を取り戻したのもつかの間、悲劇が再びドイツを襲った。「世界恐慌」の荒波に呑まれたのだ。一九二九年一〇月のニューヨーク株式市場の暴落をきっかけに始まった世界恐慌は、アメリカ経済に大打撃を与えた。その影響は、アメリカ資本の導入により経済の回復を果たしたドイツにもおよぶ。アメリカ資本の相次ぐ撤退により、回復しつつあったドイツ経済は再びどん底へと突き落とされ、深刻なデフレに見舞われた。

一九三一年には、アメリカのフーバー大統領の提案で第一次世界大戦に伴う各国の債務、賠償金の支払いを一年間猶予することになった（フーバー・モラトリアム）。最大の目的はドイツ経済の救済にあったが、時すでに遅し。効果は上がらず恐慌は世界に波及して行った。オーストリア最大の銀行であるクレジット・アンシュタットの破綻により、欧州全体が金融危機に陥ったことも追い打ちをかけた。

多くの企業や銀行が破綻に追い込まれ、失業者は七〇〇万人、失業率は四〇%を超え、ドイツ経済は破綻状態に陥った。ドイツの賠償金支払いも再び滞ることとなった。

このような状況の中で登場したのが、ヒトラーである。ヒトラーは、ほとんどの財産を失った中産階級や労働者、農民たちの不満を巧みに吸収し、支持を伸ばして行った。一九三二年の総選挙でナチスが議会の第一党になり、事実上ヒトラーがドイツを掌握した。ライヒスバンクの総裁は、総統兼帝国宰相であるヒトラーの任命下に置かれた。

ヒトラーは軍備の大幅な拡張を支えるため、ライヒスバンクにマルクを大量に発行させせた。これに抵抗したのが、当時のシャハト総裁だ。一九三九年、シャハトは「軍事費の膨張がインフレを引き起こしている」として、軍事財政の中止を訴える手紙をヒトラーに送ると総裁を解任された。

同年、「ライヒスバンク法」というドイツの中央銀行について定める特別の法律が制定された。その前文には、「ドイツライヒスバンクは、ドイツの発券銀行として帝国の無制約の主権に服する。ライヒスバンクは、委託された任務、特にドイツ通貨の価値の保持に関する任務の範囲内において、ナチスの国家指導によって設定された目標の実現に奉仕する」と明記され、ライヒスバンクがドイツ帝国の中央銀行という公的な機関として存在することを明確にした。

ライヒスバンクは事実上、国有化された。ライヒスバンクの運営については「総統兼帝国宰相に直接服する」「総統兼帝国宰相の指示に従うとともにその監督の下において、同行の総裁および役員会構成員によって運営され、管理される」と定められ、総統兼帝国宰相が同行の総裁および役員会構成員を任命し、その任期を定め、いつでも罷免《ひめん》することができるとされた。要はライヒスバンクは総統兼帝国宰相、つまりヒトラーの指示通りに動けということで、総裁の人事もヒトラーが握ることとなった。

銀行券の発券については、銀行券の兌換に関する規定が削除され、発行限度についての規定も設けられなかった。ライヒスバンクが銀行券を発行する際の担保となる大蔵省手形の保有量を決めるのは総統兼帝国宰相であり、発券に対する制約は存在しなかった。またライヒスバンクは、帝国に対して運転資金を供与し、大蔵省手形を担保として貸し付けを行なうことができたが、その額を決定するのも総統兼帝国宰相であった。これは、お金を借りる人が借入可能額を自ら決められるということだ。

こうして、中央銀行による無制限の資金調達の仕組みができ上って行った。この仕組みの下、ヒトラーは膨大な戦費を賄うために発行した巨額の国債を引き受けさせるため、ライヒスバンクに大量のマルクを発行させ破滅への道を突き進んだ。戦時中、価格統制により抑制されていたインフレは、終戦すなわちナチスの崩壊によりたちまち火を噴いた。ドイツは再び激しいインフレに見舞われ、一九二四年から使用されていたライヒスマルクはほぼ無価値になった。

ドイツの敗戦と共に、ライヒスバンクは閉鎖された。ハイパーインフレを抑えるため、潰されるべくして潰されたといった感じだ。ライヒスバンクに代わり各州ごとに中央銀行が設立され、その頂点に銀行券発行を行なう「レンダーバンク」が設立された。この二階層の中央銀行制度は、アメリカの連邦準備制度を模範としており、地方分権と政府からの独立が徹底的に図られた。

その後、レンダーバンクの基本的な特徴を継承しつつ、一九五七年に「ブンデスバンク」（ドイツ連邦銀行）という中央銀行が設立された。ブンデスバンク設立を受けて制定されたブンデスバンク法には、「ブンデスバンクは、本法により同行に与えられた権限の行使に当たって、連邦政府の指示を受けない」として、ブンデスバンクの政府からの独立性が明記されている。

このように、ブンデスバンクは政府からの独立が保障され、ＥＣＢ（欧州中央銀行）発足以前は世界でも最も高い独立性を持つ中央銀行の一つであると評価されていた。

通貨制度の抜本的改革も行なわれ、一九四八年にはライヒスマルクは廃止され、新たにドイツマルクが導入された。旧通貨ライヒスマルクと新通貨ドイツマルクの交換比率は、一定額までは一対一、それ以上は一〇対一とされた。最後までライヒスマルクを信頼し、紙幣を保有していた人たちがひどい目に遭ったのは言うまでもない。

その後も、一九九三年に発効した「マーストリヒト条約」により、ユーロ加盟国は中央銀行による国債の直接引き受けを行なうことが禁止されている。もちろん、ＥＣＢについても国債の直接引き受けは禁じられている。

一度ならず二度までも破滅を経験し、インフレに苦しめられた歴史的背景を考えれば当然だが、戦後のドイツにはインフレやその要因となる中央銀行による国債引き受けに対し、ある種のアレルギーとも思えるほど強い警戒感がある。ブンデスバンク法は、その象徴とも言える。ドイツ国民の心に刻み付けられたインフレに対するトラウマは、相当なものだったに違いない。

あらゆる紙幣は〝紙キレ〟になる運命

第二次世界大戦が終了すると、本土に被害を受けないまま戦勝国となったアメリカに世界中の金《きん》が集中したこともあり、米ドルを金《きん》と同列に扱う「金《きん》ドル本位制」が確立される。しかし、やがてアメリカからも金《きん》が流出し、一九七一年のニクソンショックをもって世界の主要国のすべてが「紙幣本位制」（金《きん》や銀による裏付けのない紙幣を本位貨幣として流通させる貨幣制度）となった。

実は、世界の多くの国が紙幣本位制を採用して以降、ほぼすべての主要通貨が金《きん》に対して価値を下げ続けている。金《きん》価格は一九三三年の一トロイオンス＝

二〇・六七ドルから、現在は二〇〇〇ドル台まで切り下がった。ドルが金《きん》に対して約一〇〇分の一にまで減価したということだ。

現在、金《きん》相場は歴史的な高値圏で推移している。その点では金《きん》相場はバブルに思えるかもしれない。しかし、述べたように「ドルという貨幣価値の減価」という視点で見れば、金《きん》相場の高騰は至極当然と言える。つまり、本質は金《きん》価格の高騰ではなく、貨幣価値の減価にあるということだ。

金貨や銀貨を本位貨幣として、それらに一定の比率で交換できるように定められた紙幣を「兌換紙幣」という。明治時代に入り、日本は兌換紙幣を使い始め、当時、世界の先進国ではほぼ兌換紙幣が使われていた。兌換紙幣が使われてしばらくすると、銀貨ではなく金貨による裏付けが主流となった。これが、「金《きん》本位制」だ。この金《きん》の裏付けがなくなったものが「不換紙幣」と呼ばれるもので、日本を含め今日の世界の多くの国々で使われている。

そして、不換紙幣（金《きん》や銀などとの交換ができない紙幣）は、最終的には崩壊する運命にある。兌換紙幣（金《きん》や銀などと交換できる紙幣）に回帰しない限り、不換紙幣が恒久的に通貨価値を維持することは不可能であることを歴史は証明している。

世界で最初の本格的な紙幣（不換紙幣）は、今から約一〇〇〇年前、一〇世紀の中国（北宋時代）で作られた「交子《こうし》」と言われている。交子は、元々は商人が私的にやり取りしていた約束手形であった。当時、中国で広く流通していたお金は銅を基に作られた銅銭であったが、四川など銅の産出が少ない地域では銅銭より価値が落ちる鉄銭《てっせん》が使われた。しかし鉄銭は重く、持ち運ぶには不便だ。特に高額の取引には向かない。そこで金融業者は商人から鉄銭を預かり、引換券として約束手形、つまり紙幣を発行した。

その便利さゆえ、北宋政府は商人からこの権利を取り上げ、紙幣「交子」を発行するようになり、交子が中国の公的な紙幣として使われるようになった。最初のうちは、政府が保有する銅銭を準備金（担保）として、発行額には上限が定められていた。しかし紙幣の便利さも手伝い、戦争や公共事業、宮廷の浪費などにお金がどんどん使われるようになり、それを賄うため上限を超えて紙幣は乱発されて行った。しばらくは本来のお金である銅銭に兌換できたが、交子が中国の公的な紙幣として使われ出してから八〇年ほど経つと、交子の発行は当初の二〇倍以上の規模にまで膨れ上がった。もはや兌換に応じることは不可能となり、兌換は停止された。

こうして交子は、不換紙幣となった。こうなると、もう紙幣乱発は止まらない。銅の裏付けなく勝手にいくらでも発行できるわけで、交子の価値は急落、ついには交子の流通は完全にストップした。交子は実質的に紙キレになり、国民が紙幣として認めなくなったわけだ。

こうして、世界最初の紙幣で、乱発による通貨価値の下落、すなわちインフレが起こった。その後、交子は「銭引《せんいん》」と改称したが、それも乱発によって使用停止に、次に発行された南宋の紙幣「会子《かいし》」も、元《げん》の紙幣「交鈔《こうしょう》」もすべて同じ経緯で紙キレとなり、インフレが招いた農民暴動により王朝が崩壊するという経過をたどった。

世界で初めての紙幣はこのように紙キレになったわけだが、これ以外にも世界中であらゆる紙幣が紙キレになっている。もちろん、日本の円も例外ではない。一九三一年、当時の犬養毅内閣が金《きん》の輸出を禁止し兌換を停止したことにより、日本銀行券は不換紙幣になった。その後一九四二年、日本銀行法制定により金《きん》の裏付けのない不換紙幣が発行できるよう制度化された。戦時中、国家総動員法により統制されていた公定価格が崩壊したことで物価が爆発的に上昇、銀行券需要が一気に増大した。

終戦翌日から、日銀は当時の最高額紙幣を上回る高額紙幣を次々に発行した。終戦当日（八月一五日）に二九三億円だった日本銀行券の発行残高は、わずか半月後の八月末には四二三億円に膨れ上がった。国内は、ハイパーインフレの猛威にさらされた。

一九四六年二月一六日、日本は戦後のインフレを終息させることを名目に「新円切替」を発表した。発表翌日より預金封鎖を行なうと同時に旧札の使用期限を同年三月三日までとし、それ以降の使用を禁じた。国民は保有している紙幣を新札にするため、仕方なく銀行に預金した。銀行に入れた紙幣は新札に切

〈コラム〉中央銀行の持つ機能

「中央銀行」は、一般の国民にとってあまり馴染みがない。それもそのはずで、中央銀行は一般の民間銀行とはまったく違う業務を行なう金融機関だ。ここで、中央銀行の持つ機能について簡単に確認しておこう。

大半の中央銀行には、三つの機能がある。

一つ目の機能は、「発券銀行」としての機能だ。これは簡単に言えば、紙幣を発行する機能だ。日本では、日本銀行法に基づいて日本銀行のみが紙幣（日本銀行券）を発行することが許されている。

第二の機能は、「銀行の銀行」としての機能だ。中央銀行は、民間の銀行を相手に資金を貸し出し、預かる業務を行なう。各銀行は中央銀行に当座預金口座を持ち、その口座を介して民間銀行から預け入れを受けたり、資金を貸し出したりする。また、この口座を通じて銀行間の決済を仲介する機能も提供する。

これにより、企業間の振込決済など日々発生する大量の商取引に伴う決済を正確かつ迅速に行なうことができる。中央銀行の決済機能は、〝経済の血液〟というお金を潤滑《じゅんかつ》に流すための極めて重要な機能なのだ。

また「銀行の銀行」という機能には、「最後の貸し手」としての役割も含まれる。銀行に対してほかに貸し手がいなくなった時に中央銀行が「最後の貸し手」となり、融資を行なうというものだ。特に、破綻の危機に陥った金融機関に対して行なわれるもので、日銀が行なうものは「日銀特融」と呼ばれる。金融機関の破綻に対して中央銀行が最後の防波堤役を果たすことで、金融不安が連鎖して金融危機が発生することを回避するための重要な機能だ。

第三の機能は、「政府の銀行」としての機能だ。政府の委託を受けて国のお金を管理し、国債に関する事務や、外国為替市場における為替介入事務などを行なう。

り替えられたわけで、一見すると価値をそのまま受け継いでいるように見える。しかし、実際には戦後の激しいインフレによって、それまでの円はほとんど価値を失ったのである。

当時はまだほかの先進国で金《きん》に交換することが可能な兌換紙幣を使用している国があり、世界全体で見ると紙幣の信用の裏付けには確かに金《きん》の存在があった。しかし一九七一年のニクソンショックによって、金《きん》と米ドルの兌換が停止される。その後、改めて新たな比率で金《きん》と米ドルの兌換が試みられたが最終的にはアメリカも兌換を放棄し、一九七八年IMF（国際通貨基金）の協定発効により先進国の紙幣はすべて不換紙幣となり金《きん》の裏付けがなくなり現在に至る。

あまりにも異常な日銀の状況

現在利用されている不換紙幣の材質は、紙そのものだ。金《きん》の裏付けもない。先に述べたように、一万円札の製造原価は二〇円程度で本質的には一万円の価値などない。それが一万円相当の価値をもって使われているわけで、それを可能にしているのは各国の中央銀行の信用にほかならない。

中央銀行は〝通貨の番人〟などと呼ばれるように、金融政策を通じてその通貨価値の安定、物価の安定に対し責任を負っている。不換紙幣は金《きん》の裏付けが不要で、しかもコストも安く、制限なくいくらでも発行することができる。しかし、だからといって乱発して通貨価値を落とすことがないように、中央銀行が監視する機能を担っているわけだ。

そして、ここが重要なポイントになるが、それを可能にするために中央銀行は金融に関して独自の判断をする必要があり、政府から独立した存在であることが求められる。政府の言いなりで金融政策を決めたり、ましてや政府から言われるままに紙幣を刷ったりしたのでは、通貨価値を保つことなど決してできない。

では、日本の現状はどうか。アベノミクス開始後、日銀は〝異次元〟とか〝黒田バズーカ〟などと称されるほどの大規模な量的緩和を続けて来た。以前、安倍元首相が「日銀は政府の子会社だ」と発言して物議を醸《かも》したが、もはや日銀は〝政府のATM〟と化している。

ここで、現在の日銀の状況がいかに異常であるかを示す、非常に重要な図を紹介しよう。これは、日銀がそれぞれの時期にどの程度の国債を保有していたかを表すグラフだ。金額よりもGDP（国内総生産）に対してどの程度かが重要となるため、対GDP比で表している。

まず、一九八～一九九ページの図の太平洋戦争前の一九三二年を見てみよう（図中Ⓐ）。世界恐慌によって経済が深刻な打撃を受けたこの時期は、小津安二郎の映画『大学は出たけれど』に象徴されるように、不況によって未曽有の就職難が起きた。当時蔵相であった高橋是清が、日銀の国債買い付けという現在日銀が行なっているのと同様のリフレ政策（金融緩和）を行なったのがこの年だ。この政策によってデフレ脱却に成功したわけだが、このまま放置すればインフレが加速する危険があったため、是清は後に財政緊縮を実施しようとする。

しかし、軍事予算を抑制しようとして軍部の恨みを買い、一九三六年の二・

二六事件で暗殺されてしまう。時の大臣の命をすら脅かした、「劇薬」というべき金融緩和政策だったわけだが、実はこの時の日銀の国債保有比率は、ＧＤＰ比でわずか五％程度だった。

次に、太平洋戦争末期の一九四三、四四年をご覧いただこう（図中Ⓑ）。戦時国債を乱発して戦費を調達し、国家ぐるみで戦争に邁進していたこの時期、物価統制を行なってはいたものの、物資不足からインフレは高進し始めていた。しかし、この時期ですら日銀の国債保有比率はせいぜい十数％程度だ。

そして一九四六年。太平洋戦争敗戦の翌年だ（図中Ⓒ）。ハイパーインフレが猛威を振るい、これを封じ込めるために預金封鎖、新円切替、財産税が実施されたのがこの年だが、この戦後の大混乱の時ですら二〇％にも届いていない。

そこから目を転じて、二〇二二年現在を見るとどうだろう。日銀の国債保有比率は、なんとＧＤＰ比一〇〇％となっている。世界恐慌や戦争という過去の非常事態と比較して見れば、黒田日銀とアベノミクスが残した現在の状況がいかに異常なものであるか、よくおわかりいただけるだろう。これを見れば、そ

対GDP（GNE、GNP）比の推移

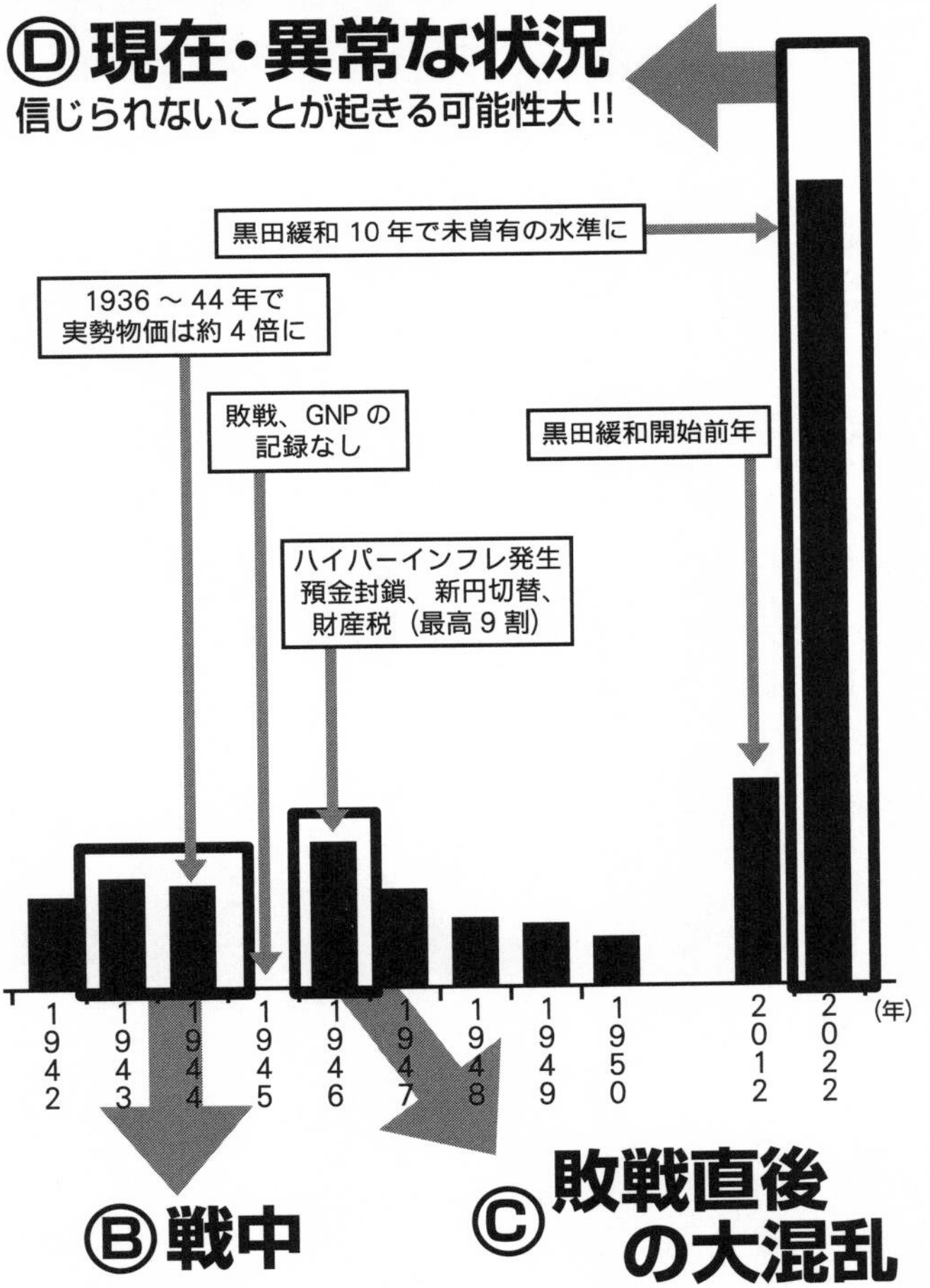

日本銀行「長期経済統計」、内閣府、東短リサーチの資料を基に作成

日銀保有国債

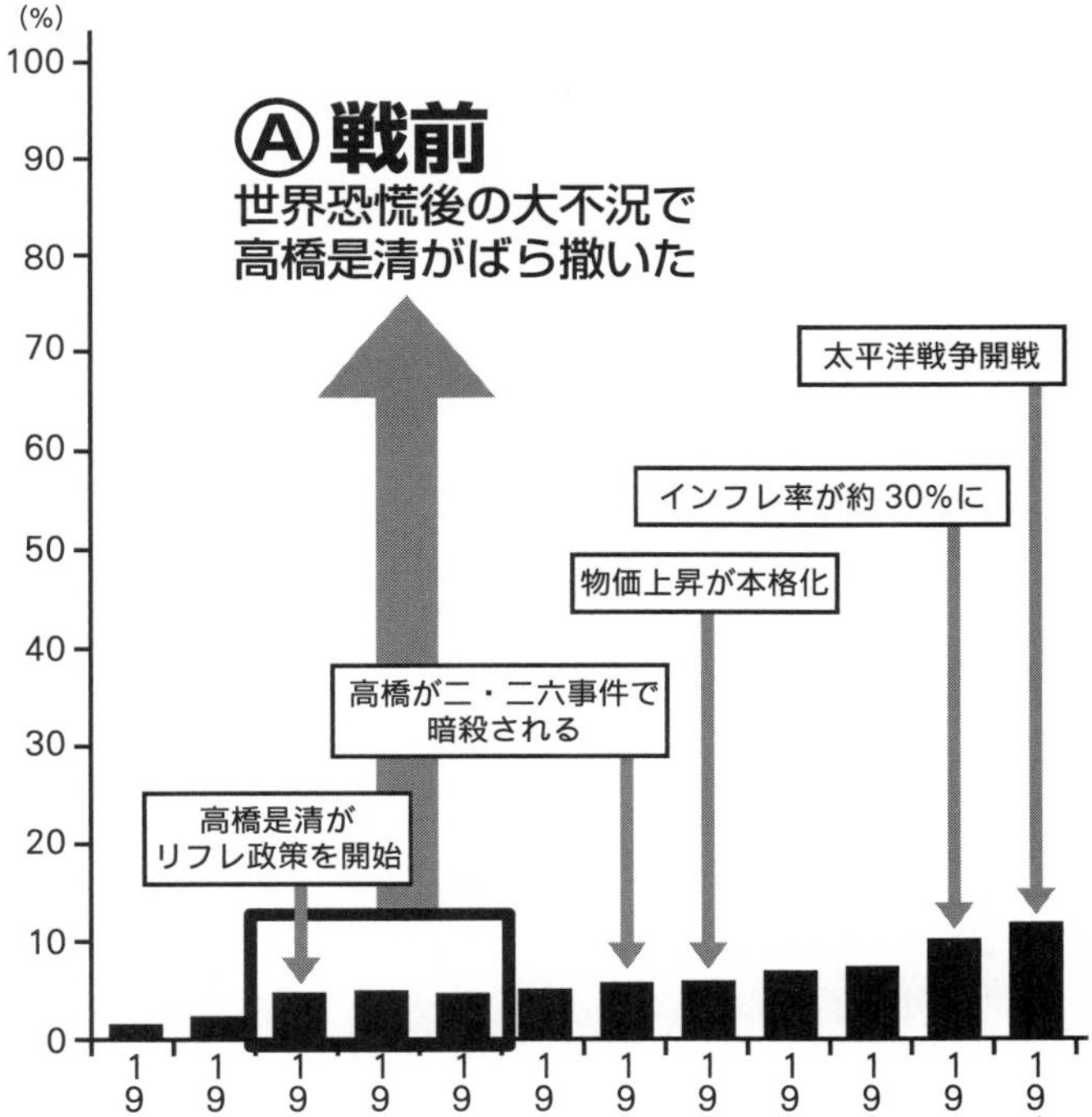

※戦前と比べるため、経済規模には当時から集計されていた
GNE（国民総支出)、GNP（国民総生産）を用いた。

日銀保有国債は長期国債と短期国債の合計 (1950 年までは政府貸出も含む)、1943 ～ 1950 年は年度末、それ以外は暦年。

GNP（GNE）は 1946 ～ 1950 年は年度、それ以外は暦年。

う遠くない将来にとんでもないことが起きる可能性が高いということは、十分予感できるはずだ。

二〇二二年の際立って長い棒グラフは、ついに日銀が〝ルビコン川〟を完全に渡り切ったことを如実に示す。第二章で述べたように、日銀にはもはや出口はなく、すでに中央銀行の体を成していないと言わざるを得ない。

川を渡り切って自ら退路を断ってしまった日銀の眼前に広がる道は、果てしなく険しい茨《いばら》の道だ。現在の日銀の復活（＝健全化）は相当困難に思える。脳裏に浮かぶのは、日銀の信用が失墜し、インフレに歯止めがかからない未来だ。その時には、かつてのライヒスバンクのように、現在の日銀が廃止されることも十分考えられる。

日銀が潰されれば、信用を失った現在の日銀が発行する現行紙幣の流通は必然的に終了する。代わりに、財務状態がピカピカの新日銀が発行する新紙幣が流通することになる。ドイツの例が示すように、現在の日銀を潰して新日銀を創設すればハイパーインフレも収まるだろう。ハイパーインフレは、貨幣価値の崩壊を反映するものだからだ。

現在の日銀の状態を見ると、日本の中央銀行制度を再び健全なものにするには、現在の日銀を潰して新日銀を作るしかないようにも思える。ただ、忘れてはいけないのは、こうした事態であおりを食うのは旧紙幣（現行の紙幣）を保有し使用する国民だということだ。日銀の廃止が現実のものになったとしても、それとて国家破産の一断面に過ぎない。日銀が廃止されなかったとしても、円の信用が失墜すれば結局は円が紙キレになる運命に変わりはなく、国民はハイパーインフレに苦しむことになる。

次章では、このような困難を回避し、生き残るために必要な対策について詳しく解説しよう。

第五章

もはや、ドルと金《きん》、ダイヤを持つしかない！ ——生き残りの秘策

「まもなく破綻する証書」を、なぜ信用するのか

「ディストレス投資」という金融用語をご存じだろうか。ディストレス（distressed）とは、「困窮した、行き詰まった」という意味で、経営破綻や経営不振により財務危機に陥った、行き詰まっている企業に対する債権、またはその企業が発行した株式などの証券に投資を行なうことを指す。投資資金の回収はもちろん困難を極め、大きな損失を出してしまう可能性が高い。

しかし、その一方で上手く回収できた場合には大きなリターンを得られるのが、この投資の特徴である。このハイリスク・ハイリターンの投資スタイルから、ディストレス投資は、投資のプロを自認する機関投資家の集団、ヘッジファンドが好んで取り入れたりする投資スタイルである。

たとえば、今であればすでに債務問題が表面化している中国の不動産会社大手、碧桂園（カントリーガーデン）や中国恒大（エバーグランデ）の証券や債

権にあえて投資を行なうのも、ディストレス投資の一つと言える。中国政府が不動産問題を解決するために資金供給するなどして、先の二つの企業が立ち直りを見せれば、現在ボロボロになっている株価は息を吹き返し大きく上昇するだろう。回収不能とみなされ、ほぼゼロとされていた債権は、突然大きな価値を持つことにもなる。

ただ、おそらくこの中国の不動産会社大手二社についてはそのまま株価がゼロになり、最終的に債権はやはり回収できない可能性が極めて高いだろうから、手を出すことはまったくお勧めしない。いずれにしてもディストレス投資とは、あえてそのような破綻寸前のところに投資を行ない、上手く行った時に大きなリターンを狙う〝ギャンブル要素の強い投資方法〟なのである。

このディストレス投資は、日本人が最も敬遠する投資スタイルである。日本人は先進国の中で資産に対する現金や預金の比率が最も高く、一般的な投資をすることさえ苦手である。日本人が投資を行なわない理由の常に上位に上げられるのが、「損をしたくない」「元本が割れるのは嫌」というものである。それほど損を極力避けようとする日本人が、先ほどのハイリスクのディストレス投資を好んで行なうことは考えにくい。

しかし、そうであるにも関わらず、多くの日本人はそのディストレス投資よりもはるかにひどく、割に合わない不合理な資産を無意識のうちに大量に保有してしまっている。それは、ほとんどの日本人が行なっている「多くの資産を現金または預金という円資産で保有している」ということである。

これまで読み進めていただいた皆さんは、円の現金や預金が今後どれほど危険な資産になるかはすでにおわかりであろう。円は将来、紙キレになる可能性があり、その発行元である日銀自体がほぼ体を成していない。実は、日本円自体がすでに困窮した、行き詰まったディストレス投資の代表格と言ってよいほどである。それにも関わらず、通常のディストレス投資に見られるような上手く行った時の魅力的な収益はまったく期待できない。円の普通預金の金利は、わずか〇・〇〇一%、一年定期にしても〇・〇〇二%しかないのだ。

いまだに資産のほとんどを円の現金、そして預金で持っている方に「まもなく破綻する証書をどうして大量に、そんなに大事に抱えているのですか」と問うてみたい。やはり、その証書が生み出す収益は、ほぼ〝ゼロ〟なのである。円は、ハイリスク・ゼロリターンの極めて不合理なディストレス投資なのである。この点をしっかり理解した上で将来の生き残りを考えると、自ずと答えは出る。「円以外の資産を持つべき」なのだ。その資産とは、「ドル、金《きん》、ダイヤ」の三つである。この三つの資産について、これから詳しく見て行こう。

なぜ、基軸通貨は「米ドル」なのか

数ある通貨の中で、国際社会において中心的な地位を占める通貨を「基軸通貨」と呼ぶ。基軸通貨が初めて登場したのは一九世紀なかばのことで、その時の基軸通貨は「イギリスのポンド」であった。当時、イギリスは「大英帝国」と呼ばれ、その全盛期には全世界の陸地と人口の実に四分の一を版図に収め、世界史上最大の面積を誇る帝国を築いていた。

世界で唯一の超大国であり、その背景からポンドは約五〇年に亘り基軸通貨の地位を維持していた。その後、イギリスの衰退とアメリカの隆盛と共に、基軸通貨はポンドからドルへと移って行った。

アメリカの経済規模は、実は一九世紀後半にはすでにイギリスを上回っていた。ＧＤＰで見ると、一八七〇年代にはイギリスを超えている。ただ、その時点では基軸通貨はあくまでポンドで、ドルの信用は遠くおよばなかった。

基軸通貨がポンドからドルに移ることになったのは、アメリカ経済が拡大を続け一方でイギリスの国力が著しく低下したためである。それでも、どこかを境に急に基軸通貨が入れ替わったわけではなく、二〇世紀初頭からしばらくの間は「ポンド」と「ドル」の二つの基軸通貨体制の時代が続いた。

しかし、イギリスが第二次世界大戦により大きな被害を被ったことで、ポンドは基軸通貨の重要な要素である他通貨との交換性を一時的に停止するなどの処置がなされ、数十年に亘るポンドとドルの並存は、徐々にドルのみの基軸通貨体制に移って行くこととなった。

それからさらに数十年経った現在において、世界経済はドルによる基軸通貨体制で回っている。国際決済銀行（ＢＩＳ）が、三年ごとに通貨別の外国為替取引量のデータ（該当年の四月の日ごと平均）を公表している。その三〇年超（一九八九〜二〇二二年）のデータを見ると、常にドルは九〇％近くの圧倒的な比率を保っており、直近二〇二二年でも八八％と高い比率になっている（為替は常に二つの通貨による取引のため、比率の合計は二〇〇％になっている。たとえば円からドルに交換する場合、円の売り取引とドルの買い取引が両方カウントされることになる）。

この、長年に亘って断トツの一位を保って来た点からも、ドルがいかに世界で信用されて使われて来たかがわかる。また、世界の決済システムがドル中心で回って来たこともわかる。

それもそのはずで、現代においてアメリカに並び立つ超大国は存在しない。国の経済規模を表すＧＤＰは圧倒的に大きく、他の国の追随を許さない。金融市場もナンバーワンで、ニューヨーク証券取引所とナスダックの時価総額を合わせると四三兆二二一六億ドル（二〇二三年四月末時点、約六〇〇〇兆円）もあり、市場シェアは世界の約四割を占めている。基軸通貨に求められる要件である、「独立した中央銀行などの組織により発行」され、「自由に誰でも取引でき」、「透明性が高い」点もそれぞれドルは満たしている。そして、いざ何かあった時にそれを守ることができる世界一の軍事力も兼ね備えている。

ほかにも、エネルギー政策については、かつて石油消費は六割を輸入に依存していたが、昨今のシェールの増産により二〇二〇年には石油純輸出国に転じている。天然ガスについても、ＬＮＧ輸出能力を高めた結果、二〇一七年に純輸出に転じている。また、食糧事情に目を転じると、食糧自給率は一三二％と一〇〇％を超えており、その基になる種苗ビジネスでは二〇一八年までアメリカのモンサント（現バイエル）とダウ・デュポン（現コルテバ・アグリサイエンス）の二社が世界中を牛耳っていた状態で、モンサントは後にドイツのバイエルに買収されたが、依然として食糧事情においてアメリカが憂慮するべき点はどこにも見当たらない。

通貨別の外国為替取引量のデータ

（当該年の４月の日ごと平均）

	2001年	2004年	2007年	2010年	2013年	2016年	2019年	2022年
米ドル	90%	88%	86%	85%	87%	88%	88%	88%
ユーロ	38%	37%	37%	39%	33%	31%	32%	31%
日本円	24%	21%	17%	19%	23%	22%	17%	17%
英ポンド	13%	16%	15%	13%	12%	13%	13%	13%
人民元	0%	0%	0%	1%	2%	4%	4%	7%
豪ドル	4%	6%	7%	8%	9%	7%	7%	6%
カナダドル	4%	4%	4%	5%	5%	5%	5%	6%
スイスフラン	6%	6%	7%	6%	5%	5%	5%	5%
他	21%	22%	27%	24%	24%	25%	29%	27%
合計	200%	200%	200%	200%	200%	200%	200%	200%

そして、現代において何より忘れてはいけないのは、「GAFAM」に代表される「巨大IT企業の存在」である。

GAFAMは、「Google」（親会社はAlphabet）「Amazon」「Facebook」（現Meta）「Apple」「Microsoft」と誰もが知るアメリカの巨大IT企業である。「データは二一世紀の石油」と評される現代において、この五社がこれまで世界のIT業界、ひいては世界経済を牽引してきた。今では少し勢力図が変わり、「Facebook」を抜いて代わりに「Tesla」と「NVIDIA」を入れた呼び方「MATANA」を披露する識者もいる。

このように見ると、アメリカ帝国はいまだに健在で、強固であり、巨大な存在であることがわかる。そして、もしそんなアメリカ帝国に陰《かげ》りが見え始めたとしても、先ほどの基軸通貨のポンドからドルへの移行のように、一瞬のうちに基軸通貨が入れ替わることは考えられない。ポンドからドルへ基軸通貨が移行した際には、アメリカが世界最大の経済大国になってから、ドルがイギリスのポンドと基軸通貨として肩を並べるまでに半世紀ほどの年数を要した。そして、ドルとポンドの基軸通貨の共存体制を経て、ドルのみの基軸通貨体制になるまでに、さらに半世紀ほどの年数を要している。だから、もしアメリカの衰退が明らかになった場合でも、ドルの基軸通貨体制が他の通貨にとって代わられるまでにはかなりの年数を要するだろう。

おそらく、私を含めご年配の方であれば、現在のドル基軸通貨体制が揺らいで他の通貨が登場するところまで見届けることはないだろう。そして、さらにそこからドルが基軸通貨として使われなくなることは、今生きている人の人生の中ではまず起こらないことと考えられる。だから、数十年先でも今のドルの基軸通貨体制が続いている前提で、資産保全を考えるべきなのである。

「誰もがドルを欲しがる」現実

今から数十年、ドルの基軸通貨体制が続くのであれば、あなたの資産にドル現金は必ず入れておくべきである。なぜなら、これから日本は国家破産を迎えるわけで、これまでドルは国家破産を迎えた国の多くで救世主のような扱いで使われているからだ。

一九九〇年代に、ロシアの経済が極度に疲弊し国家破産状態に陥った際に、ロシアの富裕層のよりどころとなったのは、驚くことに米ドルだったのである。冷戦時代にあれほどアメリカと対立して争ってきたにも関わらず、ロシアは仮想敵国の通貨である〝ドル〟を選んだのだ。また、二〇〇三年のイラク戦争においてアメリカの攻撃を受け、逃亡していたサダム・フセインが捕まった際、一緒に逃亡していたイラク人二人から逃亡資金として一〇〇ドル札で七五万ドルの多額のドル現金が押収されている。あれだけアメリカを憎んだはずの逃亡者が、最後に逃亡資金として頼ったのがアメリカの紙幣・ドルだったのである。

ジンバブエやアルゼンチンなどの国家破産した国でも、自国の通貨が信用されなくなると国民はこぞってドルを求めた。ジンバブエは歴史上、まったくドルに馴染みがない国である。そのため当初は、ドルに対して拒否反応を示す者も少なくなかったという。他の国もそうだが、アメリカ以外の国でドルを発行することはできないから、それまで馴染みのないジンバブエではドルの供給量が絶対的に不足していた。そのため、暴落を続けるジンバブエドルも初期の頃は使われていたのである。

しかし二〇〇一年以降、毎年三桁以上のインフレ率を記録するハイパーインフレに突入したわけで、時間の経過と共にドルはジンバブエの人々の生活に確実に浸透して行った。ジンバブエにおけるインフレは、特に二〇〇八年がひどく三月に年三五万五〇〇〇%のインフレ率を記録すると、非公式ながら六月には九〇三万%、一一月には八九七垓%、そして二〇〇九年一月には「六五×一〇の一〇七乗」%という、天文学的な数字となった。こうなるとジンバブエドルはまったく意味をなさず、二〇〇九年に発行が停止され、ジンバブエでは「ドル」や「南アフリカランド」などが流通した。なお、二〇一五年には正式にジンバブエドルの廃止が決まっている。

アルゼンチンは、これまで何度もデフォルトを繰り返している国である。一九九一年には、ハイパーインフレによる通貨安を食い止めるために一ドル＝一ペソの固定相場制を採用し、一旦は消費者物価指数が一桁まで下がりインフレが収まるという奇跡的な現象が生じた。これは、アルゼンチンを流れる川の名にちなんで、当時「ラプラタの奇跡」と呼ばれた。

しかし、インフレ・デフォルトの常連国がアメリカに追随しながら安定した経済を長期で築くことは初めから不可能なことで、わずか数年のうちに無理が生じて一九九九年には経済がマイナス成長に転落。二〇〇一年には国債がデフォルトに陥り、預金封鎖が断行され、二〇〇二年には為替は再び変動相場制へ移行された。

その後、「アルゼンチンペソ」は瞬く間に暴落して行くわけだが、その過程で国家破産を迎えた国特有の出来事が生じている。それは、国民が国や銀行を信用しなくなり、国や銀行が定めているペソ対ドルの公式レートとは別の為替の交換レートが登場したのである。いわゆる〝闇レート〟である。ただ、その闇レートが徐々に日常生活における常識となり、そちらが国民から見た市井《しせい》のレートとして受け入れられ始めた。そういった背景から、二〇一一年頃から

「ブルーレート」と呼ばれる非公式のドル換算レートが登場したのである。

現在、アルゼンチンではドルとペソを交換する際、「公式レート」と「ブルーレート」の二つが存在する。二〇二三年一〇月二三日時点の公式レートは一ドル＝三四七・五〇～三六五・五〇ペソ、それに対してブルーレートでは一ドル＝一〇五〇～一一〇〇ペソと、驚くことに三倍の差がある。公式レートでの交換が法律でかなり厳しく制限されているため、アルゼンチン国民がペソをドルに交換する際には市中で非公式のブルーレートで行なうことになる。そのためか、地元の新聞には非公式ながらもブルーレートが公式レートと一緒に毎日掲載されているのである。

ここで、「公式レート」と「非公式レート」の二つのレートについて、少し驚くような話をしておこう。国家破産に陥った国では、今回アルゼンチンの例で見たように政府が認める公式レートとそれとかけ離れた水準である実勢価格をベースにした非公式レートの二つのレートが存在することは、実はよくあることだ。ただ、ここで気を付けたいのは、政府が認めているのは公式レートだから万が一、政府が国民の保有する外貨（主にドルを対象）を自国の通貨に強制的に交換させようとする場合には、この公式レートが使われるということである。国民が給料などを一生懸命に非公式レートでドルに交換したものを、それよりも外貨の価値が低い公式レートでばっさり自国の通貨に交換させられる、ということである。

そんなことをすれば、公式レートと非公式レートの差がごっそりと国に収奪されてしまうのである。現在のアルゼンチンでは公式レートと非公式レートでは三倍の差が生じていたわけで、もしそのような事態になれば外貨の資産は一瞬のうちに三分の一の価値になってしまうのである。それを避けるために、いざという時ドルは金融機関に預けておくのではなく、きちんと手元に保有しておいた方が良い。しかも、あとで触れるが保管場所に気を使い、なるべく政府が手を入れない場所に保管しておくことが重要なのである。

ほかにも、ドルは多くの国で需要がある。現在、ロシアと戦闘中のウクライナは欧州の国であるが、ユーロやポンドなどではなくドルが欲しいという。ドルは、今なお世界中で使われており、日本でも沖縄や横須賀、岩国、佐世保などの米軍基地の近くにある一部の店舗では、ドルで買い物ができたりする。

このような利便性に目を付け、偽ドル札作りをもくろむ不届きな輩《やから》もいる。過去に話題となったのは北朝鮮による国を挙げての偽ドル札作りで、北朝鮮で作られた偽ドル札は「スーパーノート」と名前まで付いている。スーパーノートが世に知られたのは一九八九年頃からで、フィリピンで北朝鮮高官の業務に関連した荷物の中からスーパーノートが発見されている。あまりにも精巧な造りのため、一部は世界中で出回っている様子で、イギリス、ペルー、エチオピアなど世界各国でスーパーノートが確認されている。

このような精巧な偽ドル札を作るには、一〇〇億円規模の施設が必要とされ、そこまで巨額の費用を一般的な犯罪集団が投じるとは考えにくく、そのため国家レベルの犯罪組織の手によるものと言われている。韓国ではたびたびこのスーパーノートが見付かり、二〇〇八年一一月には約一〇〇万ドル相当ものスーパーノートが押収されており、最近では二〇一七年一二月に世界初の新種のスーパーノートが見付かっている。

このように偽ドル札が作られるのは、皮肉なことではあるがそれだけドルが世界中で使われているという裏返しである。〝清濁併《せいだくあわ》せ持つ〟基軸通貨ドルは、世界中の誰もが欲しがる通貨なのである。

金《きん》（ゴールド）とは何か

ドルの次に保有を推奨する資産は、金《きん》である。人類と金《きん》の歴史は相当古い。先ほどのドルは言わずと知れた紙幣だが、世界最古の紙幣は一〇世紀の中国、宋の時代の「交子」と言われている。だから、人類と紙幣のお付き合いは一一〇〇年ほどである。かなり長いお付き合いであるが、驚くことに金《きん》はそれよりもさらに七、八倍長い。人類が金《きん》を初めて発見し使い始めたのは、今から七〇〇〇～八〇〇〇年前と言われる。

金《きん》はいくつかの優れた特長を持ち、大きくは五つ挙げられる。まず一つに、金《きん》はほとんどの化学物質に反応せず、酸《さん》にも溶けない。二つに、酸化しない、つまり錆《さ》びない。三つに、展性・延性に優れており、たとえば一グラムの純金を線に引き伸ばすと太さ五ミクロン（一ミリメートルの一〇〇〇の一）で二八〇〇メートルもの長さになる。四つに、熱が伝わりやすく電気を通しやすい。そのため産業用途に重宝されている。五つに、他の金属に比べて比重が重い。このような優れた特長を持つ価値あるものとして、人類は太古より金《きん》を扱って来た。あまりにも長い時において、子々孫々と人類は金《きん》を資産として受け継いで来たわけで、今更そのような金《きん》が無価値になることはまったく考えられない。だから、いつの時代でも金《きん》はそのものに価値があり、高値が付くのである。

金《きん》がこれまで価値を高めてきたもう一つの大きな理由として、金《きん》は有限でしかも稀少であることが挙げられる。有史以来、地上で採掘された金《きん》の総量は一七～一九万トンと言われ、これはオリンピック公式プールで換算すると三・五杯～四杯しかない。しかも、残りの埋蔵量はプール一杯強しかなく、それもほとんどが〝海〟にあるとされている。圧倒的に量が少なく、限定されているのである。だから、紙幣は不足に応じて新たに印刷することができるが、金《きん》は不足があっても作り出すことができない。その点が金《きん》がインフレに強い理由で、量が稀少で有限であるために、インフレでものの値段が上昇すれば金《きん》も同じように上昇するのである。

国家破産時には、金《きん》は役に立たない!?

人類の歴史の中で、誰もが価値を認めてきた金《きん》であるが、衝撃的なことに国家破産の最中には役に立たないことがあるのだ。

今から二十数年前にロシアの国家破産の取材を行なった際、実はある疑問を残して日本に帰国した。多くの現地インタビューを行なった後で、帰国間際に金《きん》について質問した時のことだ。「国家破産時、金《きん》はどうでしたか?」と尋ねたところ、「役に立たなかった」という回答を得たのだ。「誰もが価値を認め、インフレに強い資産である金《きん》が役に立たない?」。不思議に思ったが、その時は時

金《きん》（ゴールド）の優れた5つの特長

1. ほとんどの化学物質に反応せず、酸にも溶けない

2. 酸化しない（錆びない）

3. 展性・延性に優れている

※たとえば1グラムの純金を線に引き伸ばすと太さ5ミクロン（1ミリの1/1000）で2800メートルもの長さになる

4. 熱が伝わりやすく、電気を通しやすい

5. 他の金属に比べて比重が重い

間がなかったため通訳が間違えたのだろう程度に考え、そのまま帰国した。しかし、その後にどうしても気になったため再度ロシアに訪問、同じ質問を行なったところ、やはり回答は同じであったのだ。「国家破産時に、金《きん》は役に立たなかった」と。真相はこうだ。実は国家破産時には金《きん》の偽物《にせもの》が出回り、取引が成り立たなかったのである。国家破産時には物々交換や自分の持ち物を売って生活するわけで、言ってみれば近所のフリーマーケットで出店するようなものである。そのようなところで金《きん》が売りに出されたとして、一般人では本物と偽物との区別が付かないため、取引が成り立たないのだ。

しかも、最近は玄人《くろうと》でも騙《だま》される精巧な金《きん》の偽物が出回っている。金《きん》は比重が重いという特徴から、それを活かして他の金属と見わけることがあったが、最近では金《きん》と比重が似ているタングステンが使われ、本物の金《きん》とほとんど変わらない重さの偽金塊ができ上がるという。タングステンは、金《きん》よりはるかに廉《れん》価《か》なためタチが悪い。

ニューヨークの目抜き通り五番街にある宝石店では、「金《きん》の偽物が出回っている」という噂があったため、実際に地金をドリルで穴を空けて確かめたところ、なんとタングステン製の偽物を発見したという。ほかにも世界中の至るところで偽物の金《きん》は見付かっており、ＵＡＥ（アラブ首長国連邦）が一〇億ドル相当の偽物の金《きん》を輸入して多額の損失を出したり、エチオピアの中央銀行が保管する金《きん》の中にも偽物が見付かったりしている。宝石店や国、中央銀行のような玄人のところにも金《きん》の偽物が出回っていたわけで、これでは素人では判別が付くはずがない。

これからの金《きん》の引き受け手は、自分が売った金《きん》の買取に限定したり、そうでなければ一度金《きん》を鋳潰《いつぶ》して本物と確認しないと怖くて引き受けられないだろう。しかし、そのような金《きん》を鋳造する設備は専門店にしかないわけで、金《きん》を換金するには特定の場所に限られるのである。

では、国家破産時において専門店に金《きん》を売ろうとするとどうなるのか。エジプトで実際にあったことだが、国民が金《きん》を売りにくると、国の意向を受けた専門店はその場で持ち込まれた金《きん》を没収したというのである。だからロシアの実

推移

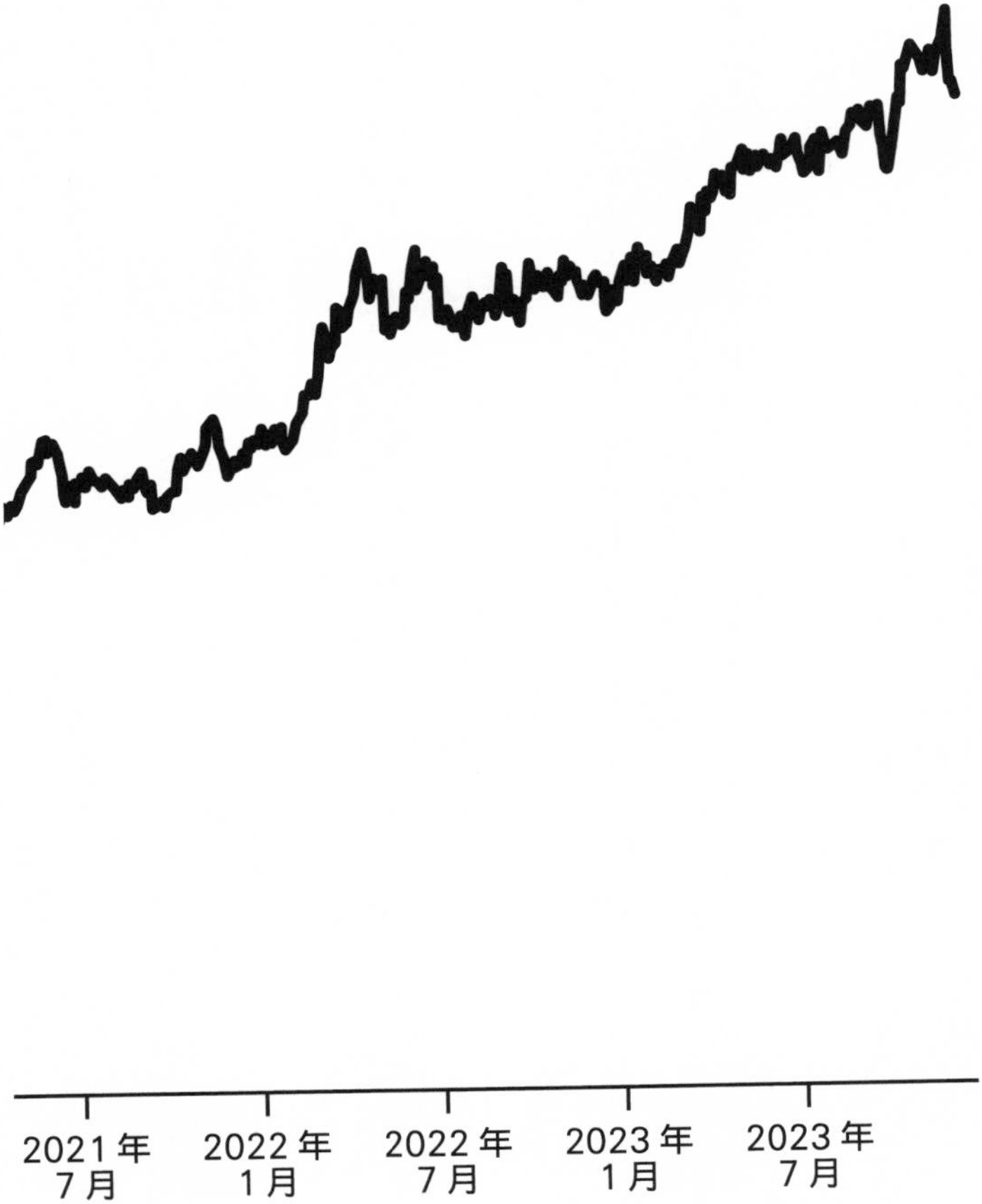

三菱マテリアルのデータを基に作成

金（ゴールド）の小売価格の

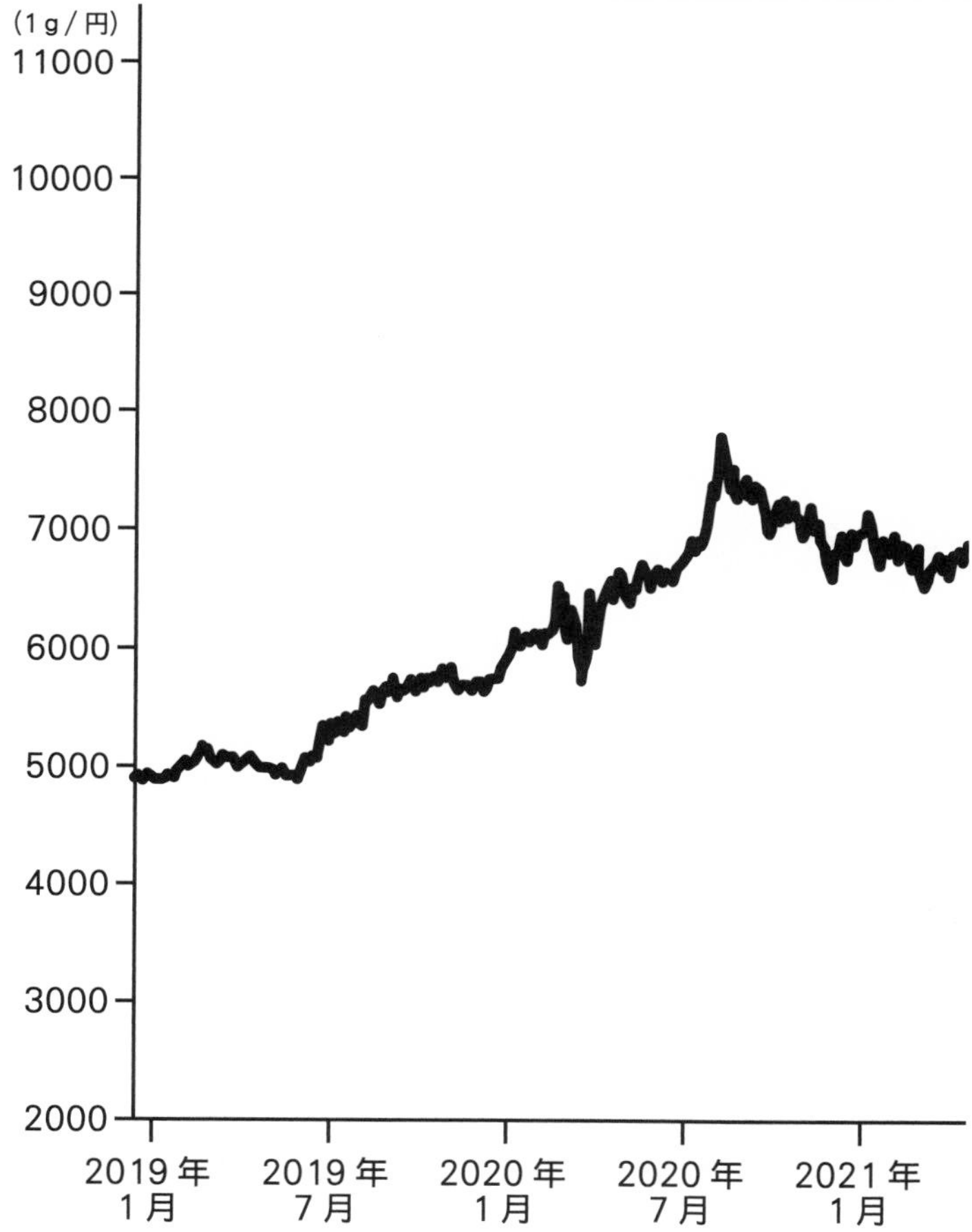

態と同じで、国家破産が起きている混乱時には金《きん》は役に立たないと考えておいた方がよい。

ただし、金《きん》は国家破産のひどい時には使えないというだけであって、その状況が落ち着けば十分意味がある資産だ。インフレに強い特長を持つため、国家破産が落ち着いた後にはびっくりするほど価値が高まっているだろう。だから、国家破産時に資産を保全するために、金《きん》は細心の注意をしながらやはり持つべき資産なのである。

そこで、金《きん》を持つためにどのような注意が必要かを述べておこう。まず心がまえとして、「国家破産のひどい時には金《きん》は売らないこと」である。国家破産時に金《きん》を売却して生活することを考えるのではなく、混乱期には別の資産で生活することを考えておく必要がある。そして、「金《きん》を持つ時にはなるべく小口で持つ」のが良い。

現在、金《きん》は高値で推移しており一グラム一万円を超えている。一キログラム地金で購入すると一〇〇〇万円が必要なわけで、購入時期を分散することが困難である。そして、なにより売却する時、円安・インフレでさらに金《きん》の値段が上がっていることでかなり目立つ取引になるのだ。

現在、金《きん》の二〇〇万円を超える売却については専門店から税務署に報告の義務が生じる。このように国は金《きん》の取引を自動的に把握でき、大きな資金が動くとやはり目立ってしまうのである。だから、金《きん》を持つ際には一〇〇グラム以下の地金やコインを考えた方が良い。売却する時も必要に応じて、小わけに換金できた方が便利である。では、すでに現在一キログラム地金をお持ちの場合にはどうすれば良いのかと言えば、それを一〇〇グラムの地金に鋳直してくれる業者もあるので、やはり小口に直して保管しておくのが良いだろう。

ダイヤモンドは二束三文!?

最後に、将来生き残るための切り札としてご紹介する資産は、「ダイヤモンド」（以下ダイヤ）である。一般的に、日本人がダイヤを意識するのは一生のうちに数えるほどしかない。婚約指輪のダイヤを除くと、ほとんど日本人はダイヤとは縁のない生活をしている。そんなダイヤが一般的に抱かれている印象は単なる宝飾品であり、資産としては到底成り立たないということだろう。

この、一般的にまったく資産として見なされていないところが、実はダイヤが日本の国家破産時において〝究極の強み〟になるのである。なぜなら、一般的な印象と同様、日本の国自体もダイヤをあまり資産として見なしておらず、国が資産没収を本気で考えた時にその対象から外れる可能性が高いのである。

日本の国が太平洋戦争後、一九四六年に財産税によって国民が持つ資産を収奪した際、現金や預貯金は新円切替や預金封鎖により厳しく捕捉され、逃げられない状態の中で財産税がかけられた。その一方で、金《きん》や宝飾品といった他の資産については、国が強制的に捕捉することが不可能であったことから、保有している国民の自己申告制により財産税の対象となった。その結果、そういった資産を保有している方で、それらを隠し通して財産を保全したという人も数多く存在する。実際に、プラチナの塊を自宅の井戸に沈めておいて財産税から逃れた、という話を聞いている。

コンピュータの発達により、データ活用が複雑化されている現代においては、戦後とは比べようもないほどに国は国民の資産について、あらゆる情報を把握できるようになっている。金《きん》やプラチナといった貴金属を扱う専門店については、すでにある程度の情報収集が国から義務付けられており、国が今後ますます困窮を極めれば資産の把握が今以上に厳しくなる可能性が否定できない。一方で、ダイヤはまだ資産として見なされていないわけで、ダイヤによる資産保全が国家破産を生き残るための究極の手段になり得るのである。

繰り返しになるが、日本では「ダイヤは売却時に二束三文にしかならず、それで資産保全を行なうことはできない」というのが一般の常識である。しかし、海外では決してそのようにはとらえられていない。ダイヤは一部の国や地域ではかなり重宝されている。その一例がイスラエルで、「困る前にダイヤを買っておけ」が口癖になるほどダイヤはイスラエルの人の日常に入り込んでおり、資産として身近な存在なのである。

ユダヤ人とダイヤの関係は切っても切れない。それはダイヤのビジネスの成り立ちにユダヤ人が関係しているからという理由のほかに、ユダヤ人は資産保全の観点からダイヤを最重要視しているからだ。長きに亘って祖国を持たず世界中を放浪してきたユダヤ人が、自分たちの資産を持ち運ぶためにもダイヤに注目したのである。

というのも、仮に資産家が一〇億円の資産を持ち運ぼうとした時、金《きん》であれば一〇〇キログラムが必要で、そう簡単に持ち運ぶことはできない。ドル札でも同様で、さらに容量が大きくなってしまう。それがダイヤであれば、一カラットを一〇〇〇個用意すれば一〇億円以上の価値となり、それでいて重さは二〇〇グラムほど、容量としてもポケットにパンパンにはなるが詰め込むことができるのである。ほかの資産と比べて、はるかに持ち運びやすいのだ。

このダイヤの特長は、特に富裕層から圧倒的な支持を得ており、イスラエルのほかにも香港やベルギーなど多くの国でもダイヤが重宝されている。実は日本人が知らないだけで、ダイヤのネットワークは世界中に広がっているのである。そして、資産保全としての質の良いダイヤであれば、決して二束三文ではなく適正な価格で日々取引されているのである。

資産としてのダイヤの選び方

資産としてのダイヤを選ぶ時、見るべきポイントが三つある。一つ目のポイントは、「総合的に見て質が良いか」どうか。二つ目のポイントは、「流動性に優れているか」どうか。三つ目のポイントは、「ダイヤの質を担保してくれる鑑定書が付いている」かどうか。以上の三点であり、これをすべて満たしているダイヤを資産保全に取り入れてほしい。

まず一つ目のポイント、質の良いダイヤかどうかは、「カラット」（Carat）「クラリティ」（Clarity）「カラー」（Color）「カット」（Cut）のダイヤの基本と呼ばれる「４Ｃ」でチェックする。「カラット」は、よく間違われるが大きさではなく重さの単位で、一カラット＝〇・二グラムと決まっている。「クラリティ」は「透明度」のことで、内包物（インクルージョン）やキズ・カケ（ブレミッシュ）の程度によって区わけされている。「カラー」は、そのまま色のことで、無色透明なほど質（価値）が高く、黄色味を帯びれば帯びるほど質が落ちる。「カット」はダイヤモンドをカットする形ではなく、理想的な形は「ラウンドブリリアントカット」（五八面体あるいは五七面体）とすでに決まっている。

この「4C」における「カット」は、ダイヤの輝きを十分に引き出すことができるようにプロポーションや角度に拘《こだわ》って形作られているわけだが、この部分の良し悪しをグレードわけしたものである。そして、もう一つ「4C」ではない「蛍光性」というフレーズを追加しておこう。蛍光とは、紫外線を当てた時に一部のダイヤが青色を発光する可視できる光のことである。この蛍光がないか、またはある場合にはその光の強さでわけられている。

この「4C」＋αでダイヤの質の良さを判別するわけだが、その時に気を付けるのは二つ目のポイントである「流動性に優れているか」どうかである。今回のダイヤで重視する点はまさにここで、いくら良いダイヤでも換金性に優れ

ダイヤを選ぶ時、見るべきポイント

1. 総合的に見て質が良いか

2. 流動性に優れているか

3. ダイヤの質を担保してくれる鑑定書が付いているか

ダイヤを“どこで購入するか”が最も大切

ていなければ国家破産時には役に立たない。たとえば「カラット」は、数字が大きければ大きいほど価値は高いが、あまりに大き過ぎると買い手が限られ、流動性が悪くなる。流動性の高い適正なのは、一～三カラットである。

このように、他の「クラリティ」「カラー」「カット」「蛍光性」にも流動性の高い適正な箇所が決まっている。詳細は省略するので何のことかわからないかもしれないが、それぞれ「4C」について質が良く流動性が高いところを呪文のように記載しておこう。一～三カラットで、クラリティはVS以上、カラーはD、E、F、カットはGOOD以上、蛍光性は「NONE」「FAINT」のどちらか、これが質の良い、流動性が高いダイヤの条件である。意味はわからなくても、ダイヤ専門店でこれを呪文のように唱えれば、相手には十分伝わるので安心してほしい。

そして、三つ目のポイントである、「ダイヤの質を担保してくれる鑑定書が付いているか」どうかを忘れてはいけない。鑑定書は、それぞれの地域で発行されたものがいくつもあるが、GIA（米国宝石学会）が発行しているものでなければ意味がない。このＧＩＡが発行している鑑定書が世界基準であり、このＧＩＡの基準によってダイヤのランクがきちんとした表になって細かく価格わけされているのである。この価格わけされたレポートは、「ラパポート」と呼ばれ毎週木曜日に発行され、世界中のダイヤの業者がこのラパポートを見て取引するのだ。

以上で、資産としてのダイヤを選ぶ時の見るべきポイントをご理解いただいたが、その上で一番重要な点をお伝えしよう。それは「ダイヤをどこで購入するか」である。デパートなどの一般の小売店では、先ほどのラパポートに掲載されている価格よりも高く、二倍以上の値段で売られていることもある。一方で、ダイヤを取引する専門業者はオークション（ただし一般の人が参加できないプロ向けのオークション）によってラパポートの掲載されている価格の三〜五割引きの価格で取引をしている。あなたは、どちらで購入したいだろうか。もちろん、オークションの方であろう。オークションは一般人は参加できないため、オークションにアクセスできる専門業者とコンタクトが取れれば、オークション価格と似た価格で取引することが可能である。

もし、このような方法でダイヤにアクセスしたいという方がいれば、巻末の「ダイヤモンド投資情報センター」まで連絡してほしい。

資産の保管場所について

日本の国家破産を生き残るための秘策は、「ドル」「金《きん》」「ダイヤ」の三つの資産への分散である。そして、資産を分散すると同時に、その保管場所を分散することも重要である。この章の最後では、ドル、金《きん》、ダイヤをどこで保管するべきかを解説しておこう。

保管する場所は二つか三つくらいに分散しておいた方が良い。その候補は、「自宅」「貸金庫」「そしてそれ以外のまったく別の場所」である。

まず自宅で保管する場合、意外かもしれないが、一般的な金庫に入れておくことはお勧めしない。一般家庭で持つ金庫は防火金庫で防盗金庫ではないことがほとんどだ。金庫が置いてあるということは「そこに資産がある」という意思表示で、泥棒はこれ幸いとその金庫ごと持って行ってしまうのである。五〇〇キログラム以下の金庫であれば、泥棒は台車を使って見事に持って行くことができるという。警備会社が駆け付けるセキュリティ・システムを導入していても、泥棒はあらかじめ駆け付ける時間を知っていて、警備員が駆け付ける前にすべての作業を終了するというのだ。何とも手ごわい相手である。

だから、資産を自宅の金庫に保管するのであれば、重量が七〇〇キログラム以上の防盗金庫を用意しておいた方が良い。しかも、金庫の下と床をボルトで止めて動かせなくしておけば完璧である。ただし、重量がある防盗金庫はマンションや自宅の二階以上に入れようとすると床が抜けるかもしれないため、鉄板を敷いたりする作業も必要である。

また、自宅でも金庫以外の場所に隠す方法がある。その時、タンスや冷蔵庫は泥棒に言わせると資産を隠す定番の場所らしいので、止めておいた方が良いだろう。ちなみにダイヤモンドは、冷凍庫で保管すると〝黒ずむ〟らしいのでそれも止めておくのが良い（冷蔵庫の方は大丈夫）。自宅が一軒家の場合には、埋め防水対策などをしっかりした上で庭に埋める方法もある。ただこの場合、埋めた場所を覚えておかないと、子孫またはその土地の保有者が何年か先に見付けて大喜び、といった具合になるので注意されたい。また、夜中に庭を掘り返していて、近所から良からぬことをしていると疑われるのも避けた方が良い。

「銀行の貸金庫」は、防盗を考える上では最高の保管場所である。ただ、いよいよ国家が破産して徳政令が近づいてくると、そこから出して別の場所に移すことを考えた方が良い。銀行の貸金庫は、銀行の資産ではないため通常時には行員がそれを勝手に開けることは考えられない（横領という犯罪は、実は時々起きている）。ところが、国家破産状態で国が常軌を逸した場合には、なんと勝手に貸金庫に手を付けることがあるという。ロシアでは一九九八年の国家破産時に銀行の貸金庫にまで手が伸びて、中のすべての財産が没収されたという。だから、直前までは保管場所に使えるが、いざという時にはすぐにどこかに移す〝機敏な行動〟が求められる。

自宅や銀行の貸金庫以外の場所は、見付けるのがなかなか難しい。どこか信頼できて、銀行ではなく、きちんと貸金庫のようなものを備えているという条件はなかなか見当たらないだろう。ただ、このような場所があれば、積極的に活用した方が良い。これは、ダイヤと考え方が同じなのである。「まさかこんなところに資産があるはずがない」、というところに置いておくことで本当の安全が確保されるわけである。しかも、セキュリティがしっかりしていれば、自宅で置いておくよりもよほど防盗対策ができていることになるのだ。

資産をドルと金《きん》、ダイヤへ分散し、保管場所も分散する。読み進めて行く中で、こんなことまで本当に必要かと思われたかもしれないが、国家破産を甘く見てはいけない。国家破産とは、これまで味方であった国が今度は逆に牙をむいてなり振り構わず襲いかかってくるわけだから、私たちもあらゆる事態を想定しつつ、できる限りの対応を行なっておくのが良い。「あの時、やっておけば良かった」と後悔しないためにも、今回の生き残りの秘策を参考に万全の対策を行なってほしい。

エピローグ

「矛盾は極限まで行きつく」

この世の中には絶対やってはならないことがある。

最近の例で言えば、アベノミクス下で黒田前日銀総裁がやった無制限に近い「日本国債買い」である。その結果、いまや日銀は身動きが取れない悲惨な状況に陥ってしまった。日銀がほんのわずかしか金利を上げられない中、それを見すかすかのようにマーケット（市場）が為替を徐々に、しかし確実に円安へと動かし始めている。

日銀関係者にインタビューすると、「日銀はまったく悪くないし、何の問題も抱えていない。日銀は、理論上は円をいくらでも発行できるから、それを使って国債を無制限に買うことができるので、日銀自体は大丈夫だ」という答えが返って来た。私から言わせれば、視野の狭い本質を見抜いていない戯言《たわごと》だ。

そういえば、今から三十数年前のあのバブル最盛期にも、「バブルは永遠に続く」という不思議な戯言があちこちから聞こえて来たが、結局マーケット（市場）に一挙に押し潰され崩壊した。この世の中に「フリーランチ」（タダ飯）は一切存在しないし、一時的にあるかのように見えても時間をおいて何倍返しかですさまじいツケを支払わされるのだ。

かの天才投機家ジョージ・ソロスは、次のような名言を残している――「矛盾は極限まで行きつく」。まさに、この言葉通りだ。日銀と日本国政府の借金の問題は今極限にまで行きつこうとしている。そして、その振り子が反対に振り落ちてくる時、私たちの円は紙キレ化へ向かってすさまじいスピードで価値を失って行くことだろう。

この世の中で絶対に逆らえないもの――それこそ、宇宙の原理とマーケットの法則だ。マーケットが天の代わりに日銀と円に鉄鎚を振りおろす日が近付いている。皆さんには、その日のために資産防衛の準備を急いでほしい。

二〇二四年一月吉日

浅井　隆

■今後、第二海援隊から『2025年7の月に起きる事』『ドルの正しい持ち方』（すべて仮題）を順次出版予定です。ご期待下さい。

浅井隆からの重要なお知らせ

——恐慌および国家破産を勝ち残るための具体的ノウハウ

厳しい時代を賢く生き残るために必要な情報を収集するために

◆〝恐慌および国家破産対策〟の入口

「経済トレンドレポート」

電子版も好評配信中！

皆様に特にお勧めしたいのが、浅井隆が取材した特殊な情報をいち早くお届けする「経済トレンドレポート」です。今まで、数多くの経済予測を的中させてきました。そうした特別な経済情報を年三三回（一〇日に一回）発行のレポートでお届けします。初心者や経済情報に慣れていない方にも読みやすい内容で、新聞やインターネットに先立つ情報や、大手マスコミとは異なる切り口からまとめた情報を掲載しています。

さらにその中で、恐慌、国家破産に関する『特別緊急警告』『恐慌警報』『国家破産警報』も流しております。「激動の二一世紀を生き残るために対策をしなければならないことは理解したが、何から手を付ければよいかわからない」「経済情報をタイムリーに得たいが、難しい内容には付いて行けない」という方は、

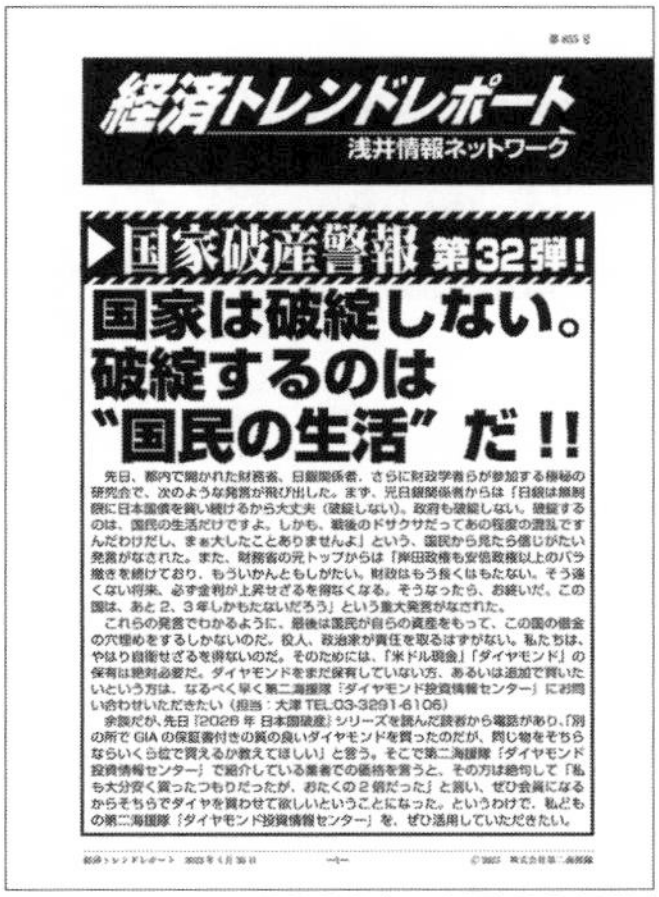

第855号

経済トレンドレポート
浅井情報ネットワーク

▶国家破産警報 第32弾！

国家は破綻しない。破綻するのは"国民の生活"だ!!

先日、都内で開かれた財務省、日銀関係者、さらに財政学者らが参加する極秘の研究会で、次のような発言が飛び出した。まず、元日銀関係者からは「日銀は無制限に日本国債を買い続けるから大丈夫（破綻しない）。政府も破綻しない。破綻するのは、国民の生活だけですよ。しかも、戦後のドサクサだってあの程度の混乱ですんだわけだし、まぁ大したことありませんよ」という、国民から見たら信じがたい発言がなされた。また、財務省の元トップからは「岸田政権も安倍政権以上のバラ撒きを続けており、もういかんともしがたい。財政はもう長くはもたない。そう遠くない将来、必ず金利が上昇せざるを得なくなる。そうなったら、お終いだ。この国は、あと2、3年しかもたないだろう」という重大発言がなされた。

これらの発言でわかるように、最後は国民が自らの資産をもって、この国の借金の穴埋めをするしかないのだ。役人、政治家が責任を取るはずがない。私たちは、やはり自衛せざるを得ないのだ。そのためには、「米ドル現金」「ダイヤモンド」の保有は絶対必要だ。ダイヤモンドをまだ保有していない方、あるいは追加で買いたいという方は、なるべく早く第二海援隊「ダイヤモンド投資情報センター」にお問い合わせいただきたい（担当：大津 TEL:03-3291-6106）

余談だが、先日『2026年 日本国破産』シリーズを読んだ読者から電話があり、「別の所でGIAの保証書付きの質の良いダイヤモンドを買ったのだが、同じ物をそちらならいくら位で買えるか教えてほしい」と言う。そこで第二海援隊「ダイヤモンド投資情報センター」で紹介している業者での価格を言うと、その方は絶句して「私も大分安く買ったつもりだったが、おたくの2倍だった」と言い、ぜひ会員になるからそちらでダイヤを買わせて欲しいということになった。というわけで、私どもの第二海援隊「ダイヤモンド投資情報センター」を、ぜひ活用していただきたい。

経済トレンドレポート 2023年4月30日 —1— © 2023 株式会社第二海援隊

2023年4月30日号

第857号

経済トレンドレポート
浅井情報ネットワーク

▶国家破産警報 第34弾！

この小康状態（2023～24年）の後に巨大な衝撃がやってくる！！その時期は2025～2026年頃か！？

昨年と違い、今年は日本国債といい為替（ドル/円）といい、小康状態が続いている。しかし、これはあくまでも嵐の前の静けさといってよい。

政府の借金は着実に増えており、改善する気配は全くない。日銀が、国債の貸し出しをやめて海外勢が売りをしづらくしているから国債が売られないだけで、基本的構造に何の変化もない。マグマだけが静かに不気味に溜まって行く。この状況は短くて1年、長ければ2年は続くだろう。

次に危機がくるとすれば、それは為替が発端となることだろう。何かのキッカケでドル/円は160円を突破するはずだ。その時期は、2025年頃か。原因は台湾有事か、天災（南海トラフか首都直下型大地震、または富士山大噴火）となる可能性が高い。ドル/円は160円を超えた後、一気に200円または260円まで行くだろう。そうなれば、輸入インフレが国内を襲い、金利が上がらざるを得なくなる。事態がここまでくると日銀がいくら買っても国債は暴落せざるを得なくなり、一瞬で国家破産状況へ進むことになる。ただ、理論上は日銀は無制限に国債を買えるので、それを実行した場合、金利は上昇しないがインフレは止まらなくなり、円は紙キレとなる。いずれにせよ、この小康状態の間に最後の準備（米ドルの現金備蓄とダイヤモンドの買い増し）をするべきだ。

経済トレンドレポート 2023年5月30日 —1— © 2023 株式会社第二海援隊

2023年5月30日号

「経済トレンドレポート」は情報収集の手始めとしてぜひお読みいただきたい。

最低でもこの経済トレンドレポートをご購読下さい。年間、約四万円で生き残るための情報を得られます。また、経済トレンドレポートの会員になられますと、当社主催の講演会など様々な割引・特典を受けられます。

■詳しいお問い合わせ先は、㈱第二海援隊　担当：島﨑

ＴＥＬ：〇三（三二九一）六一〇六　ＦＡＸ：〇三（三二九一）六九〇〇

Ｅメール：info@dainikaientai.co.jp

ホームページアドレス：http://www.dainikaientai.co.jp/

恐慌・国家破産への実践的な対策を伝授する会員制クラブ

◆「自分年金クラブ」「ロイヤル資産クラブ」「プラチナクラブ」

国家破産対策を本格的に実践したい方にぜひお勧めしたいのが、第二海援隊の一〇〇％子会社「株式会社日本インベストメント・リサーチ」（関東財務局長（金商）第九二六号）が運営する三つの会員制クラブ（**「自分年金クラブ」「ロイヤル資産クラブ」「プラチナクラブ」**）です。

まず、この三つのクラブについて簡単にご紹介しましょう。**「自分年金クラブ」**は資産一〇〇〇万円未満の方向け、**「ロイヤル資産クラブ」**は資産一億円〇〇〇万~数千万円程度の方向け、そして最高峰の**「プラチナクラブ」**は資産一億円以上の方向け（ご入会条件は資産五〇〇〇万円以上）で、それぞれの資産規模に応じた魅力的な海外ファンドの銘柄情報や、国内外の金融機関の活用法に関する情報を提供しています。

恐慌・国家破産は、なんと言っても海外ファンドや海外口座といった「海外の活用」が極めて有効な対策となります。特に海外ファンドについては、私たちは早くからその有効性に注目し、二〇年以上に亘って世界中の銘柄を調査してまいりました。本物の実力を持つ海外ファンドの中には、恐慌や国家破産といった有事に実力を発揮するのみならず、平時には資産運用としても魅力的なパフォーマンスを示すものがあります。こうした情報を厳選してお届けするのが、三つの会員制クラブの最大の特長です。

その一例をご紹介しましょう。三クラブ共通で情報提供する「ATファンド」

は、年率五～七％程度の収益を安定的に挙げています。これは、たとえば年率七％なら三〇〇万円を預けると毎年約二〇万円の収益を複利で得られ、およそ一〇年で資産が二倍になる計算となります。しかもこのファンドは、二〇一四年の運用開始から一度もマイナスを計上したことがないという、極めて優秀な運用実績を残しています。日本国内の投資信託などではとても信じられない数字ですが、世界中を見渡せばこうした優れた銘柄はまだまだあるのです。

冒頭にご紹介した三つのクラブでは、「ATファンド」をはじめとしてより高い収益力が期待できる銘柄や、恐慌などの有事により強い力を期待できる銘柄など、様々な魅力を持ったファンド情報をお届けしています。なお、資産規模が大きいクラブほど、取り扱い銘柄数も多くなっております。

また、ファンドだけでなく金融機関選びも極めて重要です。単に有事にも耐え得る高い信頼性というだけでなく、各種手数料の優遇や有利な金利が設定されている、日本に居ながらにして海外の市場と取引ができるなど、金融機関も様々な特長を持っています。こうした中から、各クラブでは資産規模に適した、魅力的な条件を持つ国内外の金融機関に関する情報を提供し、またその活用方法についてもアドバイスしています。

その他、国内外の金融ルールや国内税制などに関する情報など資産防衛に有用な様々な情報を発信、会員の皆様の資産に関するご相談にもお応えしております。浅井隆が長年研究・実践して来た国家破産対策のノウハウを、ぜひあなたの大切な資産防衛にお役立て下さい。

■詳しいお問い合わせは「㈱日本インベストメント・リサーチ」

TEL：〇三（三二九一）七二九一　FAX：〇三（三二九一）七二九二

Eメール：info@nihoninvest.co.jp

「国家破産　資産シミュレーション」サービス開始

古今東西、あらゆる国家破産は、事実上国民の財産によって清算されてきました。まさに「国家破産とはすなわち国民破産」なのです。しかしながら、すべての国民の資産が国家破産によって無価値になり、あるいは国家に収奪されるわけではありません。破綻国家をつぶさに調べて行くと、価値が失われにくい資産がどのようなものかがはっきりと見えてきます。そうした情報を上手に使って、適切な対策を講じることで影響を少なくすることができるのです。

日本の財政危機は、新型コロナ禍による財政出動を通じてさらに加速し、いよいよ最終局面に突入しつつあります。資産防衛の対策を講じるために、残された時間はわずかと言えます。しかしながら、漠然と「個人財産が危機にさらされる」と言っても、実感がわかないのが率直なところでしょう。また、何から手を付ければよいのかも、なかなか見当が付かないことと思います。

そこで、第二海援隊一〇〇％子会社の「日本インベストメント・リサーチ」にて、新たなサービスとなる「国家破産 資産シミュレーション」を開始いたしました。第二海援隊グループの二五年以上に亘る国家破産研究に基づいたノウハウを活用し、個々人の資産現況から国家破産時にどのような影響を受け、資産がどの程度ダメージを受けるのかのシミュレーションを算出いたします。また、ご希望に応じて、「日本インベストメント・リサーチ」スタッフによるシミュレーションの詳細説明や、実行すべき資産防衛対策のご提案も行ないます。

◆「国家破産　資産シミュレーション」実施概要

実施期間：二〇二三年九月一日～二〇二四年三月三一日（期間延長あり）

費用：二万円（当社各クラブの会員様は別途割引あり）

〈シミュレーションの流れ〉

1．お客様の現在の資産状況をご提出いただきます。

2．国家破産の状況を「最悪時」と「ソフトランディング時」に場合わけし、それぞれでお客様の資産がどのように変化するか、シミュレーション結果をお返しします。

3．合わせて、どのような対策に着手すべきかをご提案します。

4．ご希望に応じて、評価結果や対策について、スタッフが対面（または電話など）にて説明いたします。

注記：お預かりした資産関連の情報は、シミュレーション目的のみに使用し、またシミュレーション後は原則として情報を破棄します。

国家破産対策において重要なことは、まずは何より「現状を知ること」、そして次に「どの対策を講じるか」を定めることにあります。「国家破産 資産シミュレーション」は、その第一歩をより確かに踏み出す助けとなるでしょう。ぜひとも、奮ってご活用をご検討下さい。
■詳しいお問い合わせは「㈱日本インベストメント・リサーチ」
TEL：〇三（三二九一）七二九一　FAX：〇三（三二九一）七二九二
Eメール：info@nihoninvest.co.jp

他にも第二海援隊独自の〝特別情報〟をご提供

◆浅井隆のナマの声が聞ける講演会

著者・浅井隆の講演会を開催いたします。二〇二四年は東京・四月一九日（金）、大阪・四月二六日（金）、名古屋・五月一〇日（金）、札幌・五月三一日（金）で予定しております。経済の最新情報をお伝えすると共に、生き残りの具体的な対策を詳しく、わかりやすく解説いたします。

活字では伝えることのできない、肉声による貴重な情報にご期待下さい。

■詳しいお問い合わせ先は、㈱第二海援隊

TEL：〇三（三二九一）六一〇六　FAX：〇三（三二九一）六九〇〇

Eメール：info@dainikaientai.co.jp

◆「ダイヤモンド投資情報センター」

現物資産を持つことで資産保全を考える場合、小さくて軽いダイヤモンドは持ち運びも簡単で、大変有効な手段と言えます。近代画壇の巨匠・藤田嗣治は太平洋戦争後、混乱する世界を渡り歩く際、資産として持っていたダイヤモンドを絵の具のチューブに隠して持ち出し、渡航後の糧にしました。金《きん》（ゴールド）だけの資産防衛では不安という方は、ダイヤモンドを検討するのも一手でしょう。しかし、ダイヤモンドの場合、金《きん》とは違って公的な市場が存在せず、専門の鑑定士がダイヤモンドの品質をそれぞれ一点ずつ評価して値段が決まるため、売り買いは金《きん》に比べるとかなり難しいという事情があります。そのため、信頼できる専門家や取り扱い店と巡り合えるかが、ダイヤモンドでの資産保全の成否のわかれ目です。

そこで、信頼できるルートを確保し業者間価格の数割引という価格での購入が可能で、GIA（米国宝石学会）の鑑定書付きという海外に持ち運んでも適正価格での売却が可能な条件を備えたダイヤモンドの売買ができる情報を提供いたします。

ご関心がある方は「ダイヤモンド投資情報センター」にお問い合わせ下さい。

■お問い合わせ先：㈱第二海援隊　TEL：〇三（三二九一）六一〇六　担当：大津

◆第二海援隊ホームページ

第二海援隊では様々な情報をインターネット上でも提供しております。詳しくは「第二海援隊ホームページ」をご覧下さい。私ども第二海援隊グループは、皆様の大切な財産を経済変動や国家破産から守り殖やすためのあらゆる情報提供とお手伝いを全力で行ないます。

また、浅井隆によるコラム「天国と地獄」を連載中です。経済を中心に長期的な視野に立って浅井隆の海外をはじめ現地生取材の様子をレポートするなど、独自の視点からオリジナリティあふれる内容をお届けします。

■ホームページアドレス： http://www.dainikaientai.co.jp/

第二海援隊
HPはこちら

株で資産を作れる時代がやってきた！ 〝四つの株投資クラブ〟のご案内

一 「㊙株情報クラブ」

「㊙株情報クラブ」は、普通なかなか入手困難な日経平均の大きなトレンド、現物個別銘柄についての特殊な情報を少人数限定の会員制で提供するものです。目標は、提供した情報の八割が予想通りの結果を生み、会員の皆様の資産が中長期的に大きく殖えることです。そのために、日経平均については著名な「カギ足」アナリストの川上明氏が開発した「T1システム」による情報提供を行ないます。川上氏はこれまでも多くの日経平均の大転換を当てていますので、これからも当クラブに入会された方の大きな力になると思います。

また、その他の現物株（個別銘柄）については短期と中長期の二種類にわけて情報提供を行ないます。短期については川上明氏開発の「T14」「T16」という二つのシステムにより日本の上場銘柄をすべて追跡・監視し、特殊な買いサインが出ると即買いの情報を提供いたします。そして、買った値段から一〇%上昇したら即売却していただき、利益を確定します。この「T14」「T16」は、これまでのところ当たった実績が九八%という驚異的なものとなっております（二〇一五年一月〜二〇二〇年六月におけるシミュレーション）。

さらに中長期的銘柄としては、浅井の特殊な人脈数人が選び抜いた日・米・中三ヵ国の成長銘柄を情報提供いたします。

クラブは二〇二一年六月よりサービスを開始しており、すでに会員の皆様へ有用な情報をお届けしております。なお、「㊙株情報クラブ」「ボロ株クラブ」

の内容説明会を収録したＣＤを二〇〇〇円（送料込み）にてお送りしますのでお問い合わせ下さい。

皆様の資産を大きく殖やすという目的のこのクラブは、皆様に大変有益な情報提供ができると確信しております。奮ってご参加下さい。

■お問い合わせ先：㈱日本インベストメント・リサーチ「㊙株情報クラブ」

ＴＥＬ：〇三（三二九一）七二九一　ＦＡＸ：〇三（三二九一）七二九二

Ｅメール：info@nihoninvest.co.jp

二「ボロ株クラブ」

「ボロ株」とは、主に株価が一〇〇円以下の銘柄を指します。何らかの理由で売り叩かれ、投資家から相手にされなくなった〝わけアリ〟の銘柄もたくさんあり、証券会社の営業マンがお勧めすることもありませんが、私たちはそここそ収益機会があると確信しています。

過去一〇年、〝株〟と聞くと多くの方は成長の著しいアメリカの一九六〇年代の西部劇『荒野の七人』に登場したガンマンたちのように、「マグニフィセント・セブン」（超大型七銘柄。アップル、マイクロソフト、アルファベット、アマゾン・ドット・コム、エヌビディア、テスラ、メタ・プラットフォームズ。一九六〇年代の西部劇『荒野の七人』に登場したガンマンたちから名付けられた）高成長ハイテク企業の銘柄を思い浮かべるのではないでしょうか。実際、これらハイテク銘柄の騰勢は目を見張るほどでした。

一方で、「人の行く裏に道あり花の山」という相場の格言があります。「人はとかく群集心理で動きがちだ。いわゆる付和雷同である。ところが、それでは大きな成功は得られない。むしろ他人とは反対のことをやった方が、うまく行く場合が多い」とこの格言は説いています。

すなわち、私たちはなかば見捨てられた銘柄にこそ大きなチャンスが眠っていると考えています。実際、「ボロ株」はしばしば大化けします。ボロ株クラブは二〇二一年六月より始動していますが、小型銘柄（ボロ株）を中心として数々の実績を残しています。過去のデータが欲しいという方は当クラブまでお電話下さい。

もちろん、やみくもに「ボロ株」を推奨して行くということではありません。弊社が懇意にしている「カギ足」アナリスト川上明氏の分析を中心に、さらには同氏が開発した自動売買判断システム「ＫＡＩ—解—」からの情報も取り入れ、短中長期すべてをカバーしたお勧めの取引（銘柄）をご紹介します。

構想から開発までに十数年を要した「ＫＡＩ」には、すでに多くの判断システムが組み込まれていますが、「ボロ株クラブ」ではその中から「Ｔ８」というシステムによる情報を取り入れています。Ｔ８の戦略を端的に説明しますと、「ある銘柄が急騰し、その後に反落、そしてさらにその後のリバウンド（反騰）を狙う」となります。

これら情報を複合的に活用することで、ＮＩＳＡ（少額投資非課税制度）を利用しての年率四〇％リターンも可能だと考えています。年会費も第二海援隊グループの会員の皆様にはそれぞれ割引サービスをご用意しております。詳しくは、お問い合わせ下さい。また、「ボロ株」の「時価総額や出来高が少ない」

という性質上、無制限に会員様を募ることができません。一〇〇名を募集上限（第一次募集）とします。

■お問い合わせ先：㈱日本インベストメント・リサーチ「ボロ株クラブ」

TEL：〇三（三二九一）七二九一　FAX：〇三（三二九一）七二九二

Eメール：info@nihoninvest.co.jp

三「日米成長株投資クラブ」

いまや世界経済は「高インフレ・高金利」に突入しています。大切な資産の防衛・運用も、この世界的トレンドに合わせて考え、取り組むことが重要です。

高インフレ時代には、「守り」の運用だけでは不十分です。リスクを取り、積極的な投資行動を取ることも極めて重要となるのです。この観点からも、「株式投資」はこれからの時代に取り組むべき重要な投資分野と言えます。

浅井隆は、インフレ時代の到来と株式投資の有効性に着目し、二〇一八年から「日米成長株投資クラブ」にて株式に関する情報提供、助言を行なってきました。現代最高の投資家であるウォーレン・バフェット氏とジョージ・ソロス氏の投資哲学を参考として、優良銘柄をじっくり保有するバフェット的発想と、経済トレンドを見据えた大局観の投資判断を行なうソロス的手法によって、「一〇年後に資産一〇倍」を目指して行きます。

経済トレンドについては、テクニカル分析の専門家・川上明氏の「カギ足分析」に加えて、経済トレンドの分析を長年行なって来た浅井隆の知見も融合して行きます。特に、三〇年強で約七割の驚異的な勝率を誇る川上氏の分析は非常に興味深いものがあります。

個別銘柄については、発足以来数多くの銘柄情報にて良好な成績を残しており、会員の皆様に収益機会となる情報をお届けしています。銘柄は低位小型株から比較的大型のものまで幅広く、短期的に連日ストップ高を記録した銘柄もあります。

皆様にはこうした情報を十分に活用していただき、大激動をチャンスに変えて大いに資産形成を成功させていただきたいと考えております。ぜひこの機会を逃さずにお問い合わせ下さい。サービス内容は以下の通りです。

1．浅井隆、川上明氏（テクニカル分析専門家）が厳選する国内の有望銘柄の情報提供

2．株価暴落の予兆を分析し、株式売却タイミングを速報

3．日経平均先物、国債先物、為替先物の売り転換、買い転換タイミングを速報

4．バフェット的発想による、日米の超有望成長株銘柄を情報提供

詳しいお問い合わせは「㈱日本インベストメント・リサーチ」

TEL：〇三（三二九一）七二九一　FAX：〇三（三二九一）七二九二

Eメール：info@nihoninvest.co.jp

四「オプション研究会」

二〇二〇年代は、新型コロナウイルスの世界的流行、ロシアのウクライナ侵攻、中東情勢の緊迫化など「激動の時代」になりつつあります。日本において

も、財政危機リスクや台湾有事などの地政学リスク、さらに巨大地震や火山噴火などの天災リスクを抱え、非常に困難な時代となることが予想されます。

こうした激動期には、大切な資産も大きなダメージを受けることとなりますが、その一方で激動を逆手に取ることで「千載一遇の投資のチャンス」をつかむことも可能となります。その極めて有望な方法の一つが、「オプション取引」です。

「オプション取引」では、短期的な市場の動きに大きく反応し、元本の数十~一〇〇〇倍以上もの利益を生むこともあります。この大きな収益機会は、実は巨大な損失リスクを負わずに、損失リスクを限定しながらつかむことができるのです。激動の時代には、「オプション取引」でこうした巨大な収益機会がたび生まれることになります。市場の暴落時のみならず、急落からの大反騰時にもチャンスが生じるため、平時と比べても取り組む価値は高いと言えます。

「オプション取引」の重要なポイントを簡単にまとめます。

・非常に短期(数日~一週間程度)で、数十倍~数百倍の利益獲得も可能

・「買い建て」限定にすると、損失は投資額に限定できる
・恐慌、国家破産など市場が激動するほど収益機会は増える
・最低投資額は一〇〇〇円（取引手数料は別途）
・株やＦＸと異なり、注目すべき銘柄は基本的に「日経平均株価」の動きのみ
・給与や年金とは分離して課税される（税率約二〇％）

極めて魅力的な「オプション取引」ですが、投資に当たっては取引方法に習熟することが必須です。オプションの知識のほか、パソコンやスマホによる取引操作の習熟が大きなカギとなります。

もし、これからの激動期を「オプション取引」で挑んでみたいとお考えであれば、第二海援隊グループがその習熟を「情報」と「助言」で強力に支援いたします。「オプション研究会」では、「オプション取引」はおろか株式投資など他の投資経験もないという方にも、取引操作から基本知識、さらに投資の心構え、市況変化に対する考え方や収益機会のとらえ方など、初歩的な事柄から実践までを懇切丁寧に指導いたします。

さらに、「オプション研究会」では、「三〇％複利戦法」をはじめとして参考となる投資戦略も情報提供しています。こうした戦略もうまく活用することで、「オプション取引」の魅力を実感していただきます。

これからの激動の時代を、チャンスに変えたいとお考えの方のご入会を心よりお待ちしております。

※なお、オプション研究会のご入会には、「日米成長株投資クラブ」の会員であることが条件となります。また、ご入会時には当社規定に基づく審査があります。あらかじめご了承下さい。

「㈱日本インベストメント・リサーチ　オプション研究会」担当　山内・稲垣・関
ＴＥＬ：〇三（三二九一）七二九一　ＦＡＸ：〇三（三二九一）七二九二
Ｅメール：info@nihoninvest.co.jp

◆「オプション取引」習熟への近道を知るための「セミナーDVD・CD」発売中

「オプション取引」の習熟を全面支援し、また取引に参考となる市況情報なども提供する「オプション研究会」。その概要を知ることができる「DVD／CD」を用意しています。

■「オプション研究会 無料説明会 受講DVD／CD」■

「オプション研究会 無料説明会」の模様を収録したDVD／CDです。「浅井隆からのメッセージを直接聞いてみたい」「オプション研究会への理解を深めたい」という方は、ぜひご入手下さい。

「オプション研究会 無料説明会 受講DVD／CD」(約一六〇分)

価格 DVD 三〇〇〇円(送料込)／CD 二〇〇〇円(送料込)

※お申込み確認後、約一〇日で代金引換にてお届けいたします。

■以上、「オプション研究会」、DVD／CDに関するお問い合わせは、

㈱日本インベストメント・リサーチ「オプション研究会」担当：山内・稲垣・関
TEL：〇三（三二九一）七二九一　FAX：〇三（三二九一）七二九二
Eメール：info@nihoninvest.co.jp

〈参考文献〉

【新聞・通信社】

『日本経済新聞』『朝日新聞』『ブルームバーグ』『ロイター』

【拙著】

『瞬間 30%の巨大インフレがもうすぐやってくる!!』(第二海援隊)
『1 ドル 200 円時代がやってくる!!』(第二海援隊)
『2020 年の衝撃』(第二海援隊)『2025 年の大恐慌』(第二海援隊)
『2020 年までに世界大恐慌　その後、通貨はすべて紙キレに〈上〉〈下〉』(第二海援隊)
『2026 年日本国破産〈現地突撃レポート編〉』(第二海援隊)
『巨大インフレと国家破産』(第二海援隊)
『私の金が売れない!』(第二海援隊)『日銀が破綻する日』(第二海援隊)
『いよいよ政府があなたの財産を奪いにやってくる!?』(第二海援隊)
『ドル建て金持ち、円建て貧乏』(第二海援隊)
『有事資産防衛　金か?ダイヤか?』(第二海援隊)

【その他】

『ロイヤル資産クラブレポート』『経済学季報』『フライデー』

【ホームページ】

フリー百科事典『ウィキペディア』
『内閣府』『日本銀行』『日本銀行金融研究所』『NHK』
『公益社団法人 日本経済研究センター』『国際決済銀行(BIS)』『CNN』
『プレジデントオンライン』『ダイヤモンドオンライン』『Try iT』
『Yahoo!Japan ニュース』『man@bow』『文鉄・お札とコインの資料館』
『ニューズウィーク』『レコードチャイナ』『中央日報』『デジタル大辞泉』
『コトバンク』

〈著者略歴〉

川上　明(かわかみ　あきら)

1965 年生まれ。早稲田大学理工学部卒業。大学では機械工学を専攻。卒業後、損害保険会社株式部門にて先物やデリバティブを使って会社の資金運用を担当。11 年後、学生時代から興味を持ち研究を続けていた「カギ足チャート」を使っての市場分析で独立。経済のトレンド分析から投資銘柄の選定まで、その読みには定評がある。

浅井　隆　（あさい　たかし）

経済ジャーナリスト。1954年東京都生まれ。学生時代から経済・社会問題に強い関心を持ち、早稲田大学政治経済学部在学中に環境問題研究会などを主宰。一方で学習塾の経営を手がけ学生ビジネスとして成功を収めるが、思うところあり、一転、海外放浪の旅に出る。帰国後、同校を中退し毎日新聞社に入社。写真記者として世界を股にかける過酷な勤務をこなす傍ら、経済の猛勉強に励みつつ独自の取材、執筆活動を展開する。現代日本の問題点、矛盾点に鋭いメスを入れる斬新な切り口は多数の月刊誌などで高い評価を受け、特に1990年東京株式市場暴落のナゾに迫る取材では一大センセーションを巻き起こす。

その後、バブル崩壊後の超円高や平成不況の長期化、金融機関の破綻など数々の経済予測を的中させてベストセラーを多発し、1994年に独立。1996年、従来にないまったく新しい形態の21世紀型情報商社「第二海援隊」を設立し、以後約20年、その経営に携わる一方、精力的に執筆・講演活動を続ける。

主な著書：『大不況サバイバル読本』『日本発、世界大恐慌！』（徳間書店）『95年の衝撃』（総合法令出版）『勝ち組の経済学』（小学館文庫）『次にくる波』（PHP研究所）『HuMan Destiny』（『9・11と金融危機はなぜ起きたか!?〈上〉〈下〉』英訳）『いよいよ政府があなたの財産を奪いにやってくる!?』『徴兵・核武装論〈上〉〈下〉』『最後のバブルそして金融崩壊『国家破産ベネズエラ突撃取材』『都銀、ゆうちょ、農林中金まで危ない!?』『巨大インフレと国家破産』『年金ゼロでやる老後設計』『ボロ株投資で年率40%も夢じゃない!!』『2030年までに日経平均10万円、そして大インフレ襲来!!』『コロナでついに国家破産』『老後資金枯渇』『2022年インフレ大襲来』『2026年日本国破産〈警告編〉〈あなたの身に何が起きるか編〉〈現地突撃レポート編〉〈対策編・上／下〉』『極東有事――あなたの町と家族が狙われている！』『オレが香港ドルを暴落させる　ドル / 円は150円経由200円へ！』『巨大食糧危機とガソリン200円突破』『2025年の大恐慌』『1ドル＝200円時代がやってくる!!』『ドル建て金持ち、円建て貧乏』『20年ほったらかして1億円の老後資金を作ろう！』『投資の王様』『国家破産ではなく国民破産だ！〈上〉〈下〉』『2025年の衝撃〈上〉〈下〉』（第二海援隊）など多数。

あなたの円が紙キレとなる日

2024年2月9日　初刷発行

著　者　浅井　隆＋川上　明
発行者　浅井　隆
発行所　株式会社　第二海援隊
〒101-0062
東京都千代田区神田駿河台２-５-１　住友不動産御茶ノ水ファーストビル８Ｆ
電話番号　03-3291-1821　　ＦＡＸ番号　03-3291-1820

印刷・製本／株式会社シナノ

ISBN978-4-86335-239-1

第二海援隊発足にあたって

日本は今、重大な転換期にさしかかっています。にもかかわらず、私たちはこの極東の島国の上で独りよがりのパラダイムにどっぷり浸かって、まだ太平の世を謳歌しています。

しかし、世界はもう動き始めています。その意味で、現在の日本はあまりにも「幕末」に似ているのです。ただ、今の日本人には幕末の日本人と比べて、決定的に欠けているものがあります。それこそ、志と理念です。現在の日本は世界一の債権大国（＝金持ち国家）に登り詰めはしましたが、人間の志と資質という点では、貧弱な国家になりはててしまいました。それこそが、最大の危機といえるかもしれません。

そこで私は「二十一世紀の海援隊」の必要性を是非提唱したいのです。今日本に必要なのは、技術でも資本でもありません。志をもって大変革を遂げることのできる人物と、それを支える情報です。まさに、情報こそ〝力〟なのです。そこで私は本物の情報を発信するための「総合情報商社」および「出版社」こそ、今の日本に最も必要と気付き、自らそれを興そうと決心したのです。

しかし、私一人の力では微力です。是非皆様の力をお貸しいただき、二十一世紀の日本のために少しでも前進できますようご支援、ご協力をお願い申し上げる次第です。

浅井　隆